长沙市周南梅溪湖中学
科技创新模式探索与实践

秦有才 吴伟 肖荷花 编著

中南大學出版社
www.csupress.com.cn
·长沙·

长沙市周南梅溪湖中学
科技创新模式探索与实践

编写委员会

顾　问：叶双秋

主　任：秦有才　吴　伟　肖荷花

委　员：（排名不分先后）

曹共平　李冠男　王晓红　马海金　吴万紫
蒋开亮　李玉霞　张序贵　汤应宇　潘　慧
李人扬　彭世芳　刘任池　李艳波　刘　政
许　晴　张　宇　符豪良　姚　灿　陈天明

序

启迪智慧　培育未来

当今世界，科技发展日新月异，我们正处在一个前所未有的变革时代。科技的发展不仅极大地推动了社会生产力的发展，也深刻地改变了人类的生活和思维方式。

科技创新教育，它不仅仅是一种知识的传授，更是一种思维的启迪，一种精神的传承。它强调以学生为中心，注重培养学生的创新精神和实践能力。它不仅有助于提升学生的综合素质，而且是培养未来创新人才的重要途径，是推动社会进步和发展的重要力量。

长沙市周南梅溪湖中学，作为一所致力于科技创新教育的学校，办学伊始就将科技创新定为学校的特色项目，多年来在科技创新教育的探索与实践中成效显著，也积累了较为丰富的实践经验。通过开发课程体系、开展科技竞赛、组织科技实践活动等多种形式，为学生提供了广阔的创新平台和丰富的实践机会。在这里，学生们可以参与机器人制作，体验编程的乐趣；可以参与项目研究，感受科研的魅力；可以进行发明创造，感受科技改变生活的力量；还可以创办名学生工作室，召集志同道合的伙伴一起探讨问题、解决问题，共同成长。学校内容丰富、形式多样的科技创新教育，不仅激发了学生的创新兴趣和发展潜能，也培养了他们的创新精神和实践能力。

更值得一提的是，长沙市周南梅溪湖中学在科技创新教育方面还重视与高校、科研机构的合作与交流。学校积极邀请专家学者来校讲学，为学生带来最前沿的科技知识和研究动态。同时，鼓励学生走出校园，积极参加各级各类科技竞赛和实践活动。这种开放包容的教育理念和实践方式，不仅拓宽了学生的视野，也为他们的成长和发展奠定了坚实的基础。

长沙市周南梅溪湖中学将多年在科技创新教育中的实践与思考凝结成了《长沙市周南梅溪湖中学科技创新模式探索与实践》一书。本书汇聚了众多教育专家、学者和一线教师的智慧和经验，从理论到实践，全面而深入地探讨了科技创新教育的各个方面。本书不仅阐述了科技创新教育的重要性和意义，还提供了许多具体的教学案例和方法，为中小学校开展科技创新教育提供了宝贵的资源，具有很大的参考价值和借鉴意义。我也希望更多的学校和教师能够重视科技创新教育，积极探索适合本校实际的教育模式和方法。

展望未来，我对中小学校科技创新教育充满期待和信心。我也希望社会各界能够给予科技创新教育更多的关注和支持，为培养具有创新精神和实践能力的优秀人才贡献力量。

王耀南

2024 年 10 月

前言

千年文脉，百年薪火。2014年秋，岳麓山下，梅溪湖畔，在长沙市教育局和百年名校长沙市周南中学共同努力下，长沙市周南梅溪湖中学正式成立，学校如何定位，如何办出特色，如何促进学生全面发展，成了全校教师共同思考的问题。结合国家与社会需求等因素，长沙市周南梅溪湖中学决定启动科技创新特色项目。

本书是长沙市周南梅溪湖中学从2015年开始构建并实践科技创新模式的情况介绍与总结。长沙市周南梅溪湖中学自成立以来，通过不断探索，先后成立了“文加质观鸟护鸟工作室”“温馨科技创新工作室”“易佳星科技创新工作室”“张云逸科技创新工作室”，并于2018年成立了“秦有才科技创新名师工作室”。学校以这些名学生工作室和名师工作室为核心开展科技创新教育，逐步理顺关系，厘清责任，落实职责，完善制度，形成了完整的科技创新模式——以名师工作室为依托，以创客工作室为龙头，以名学生工作室为核心，并以此模式指导学校科技创新工作。

本书内容分为三篇，共六章。第一章为科技创新模式形成的背景与构建；第二章为科技创新模式理论研究的意义与价值；第三章为周南梅溪湖中学科技创新工作体系的构建；第四章为周南梅溪湖中学科技创新活动体系的构建；第五章为周南梅溪湖中学科技创新课程体系的构建；第六章为周南梅溪湖中学科技创新模式成果。

参与本书撰写工作的有秦有才、吴伟、肖荷花、曹共平、李冠男、王晓红、马海金、吴万紫、蒋开亮、李玉霞、张序贵、汤应宇、潘慧、李人扬、彭世芳、刘任池、李艳波、刘政、许晴、张宇、符豪良、姚灿、陈天明等。衷心感谢参与学校科技创新模式构建并为此提供指导、支持的叶双秋校长、曹共平书记、吴伟校长、赵忠科副校长、王剑湘副校长、王晓红副校长、李冠男副校长、马海金书记等学校同仁；感谢名师工作室全体成员及名学生工作室全体成员；感谢关注、关心这一工作的师生；感谢肯定科技创新工作，为长沙市周南梅溪湖中学科技创新工作提供指导与支持的各级领导、专家及各界人士。

科技创新教育是一项长期而艰巨的任务，但只要我们坚持不懈地努力下去，就一定能够迎来更加美好的未来。让我们携手共进，为培养更多具有创新精神和实践能力的优秀人才而不懈努力！

笔　者

2024 年 6 月

目录

第三篇　科技创新模式成效

第一篇

科技创新模式理论研究

第一章　科技创新模式形成的背景与构建

第一节　科技创新模式形成的背景

近年来，随着全球科技的不断进步和经济的飞速发展，科技创新已成为推动社会进步和经济发展的重要动力。在我国，科技创新也被视为实现社会主义现代化和民族复兴的关键所在。长沙市周南梅溪湖中学（以下简称“周南梅溪湖中学”）自 2014 年秋季面向社会招生，2015 年 9 月起便踏上了科技创新的征程，经过十年的辛勤耕耘，取得了丰硕的成果。在这十年里，我们不断探索、实践和创新，形成了独特的科技创新模式。

事实上，形成成熟的科技创新模式不仅是对过去科技创新成就的总结，更是对未来发展的必要保障。

一、开展科技创新教育的重要性

（一）国家教育改革及政策需求

首先，随着全球科技竞争的加剧，培养具有创新精神和创新能力的人才成了国家教育的重要任务。因此，国家教育改革需要注重培养学生的创新思维和实践能力，鼓励学生参与科研项目和实践活动，提高学生的科技创新素养。其次，科技创新是推动社会进步和经济发展的重要力量。国家教育改革需要关注科技创新与教育的深度融合，通过引入科技手段和方法，改革教学方式和内容，提高教育的质量和效率。此外，国家教育改革还需要加强科技创新在教育领域的应用和推广，推动教育信息化和数字化发展，利用大数据、人工智能等先进技术提升教育管理和服务水平。在科技创新相关政策需求方面，政府需要出台一系列政策来支持教育改革和科技创新。例如，加大对科技创新教育的投入，鼓励高校、科研机构与企业合作开展科技创新项目，推动产学研深度融合。另外，习近平总书记等党和国家领导人对科技创新相当重视。

2013 年 9 月 30 日，十八届中共中央政治局集体学习第一次走出中南海，把“课堂”搬到了中关村。习近平总书记深刻阐述了党的十八大确定的创新驱动发展战略，强调“科技兴则民族兴，科技强则国家强”。

习近平总书记主持十八届中共中央政治局第九次集体学习时强调：“即将出现的新一轮科技革命和产业变革与我国加快转变经济发展方式形成历史性交汇，为我们实施创新驱动发展战略提供了难得的重大机遇。机会稍纵即逝，抓住了就是机遇，抓不住就是挑战。”

2014 年 6 月，习近平总书记在中国科学院第十七次院士大会、中国工程院第十二次院士大会上要求：“广大青年科技人才要树立科学精神、培养创新思维、挖掘创新潜能、提高创新能力，在继承前人的基础上不断超越。”

2014 年 11 月，习近平总书记在中央财经领导小组第八次会议上指出：“要以创新思维办好亚洲基础设施投资银行和丝路基金。”

2017 年 12 月，习近平总书记到江苏徐州考察，第一站就是徐工集团。习近平总书记强调：“创新是企业核心竞争力的源泉，很多核心技术是求不到、买不来的。”落实总书记嘱托，科技创新成为徐工集团的生动实践。徐工集团探索超大吨位起重机技术创新，不断刷新“全球第一吊”纪录。

2018 年，习近平总书记在两院院士大会上再提“历史性交汇期”问题，强调这是“千载难逢的历史机遇”，也是“差距拉大的严峻挑战”——“有的历史性交汇期可能产生同频共振，有的历史性交汇期也可能擦肩而过”。

党的二十大报告提出：“必须坚持科技是第一生产力、人才是第一资源、创新是第一动力，深入实施科教兴国战略、人才强国战略、创新驱动发展战略，开辟发展新领域新赛道，不断塑造发展新动能新优势。”

国家教育改革和科技创新是相互促进、相互依存的关系。只有深化教育改革、加强科技创新政策支持，才能培养出更多具有创新精神和创新能力的人才，推动国家科技创新事业不断向前发展。

（二）国家教育实践的需求

教育实践的需求是多方面、多维度的，涉及社会、学校和家庭等多个层面。这些需求共同构成了科技创新教育模式发展的动力，推动着教育实践的不断进步。

1. 学校是教育实践需求的重要方面

学校作为人才培养的摇篮，承担着为社会输送优秀人才的重任。在科技创新教育方面，学校需要不断探索和实践，形成符合自身特点和发展需求的教育模式。通过建设名师工作室、创客工作室等平台，提供实践机会和创新资源，激发学生的创新潜能，培养具有创新精神和实践能力的学生。2014 年 8 月，周南梅溪湖中学在叶双秋校长和曹共平书记的带领下正式创立。新学校往往面临着诸多挑战，特别是在长沙这样的教育强市，竞争压力尤为巨大。但正是在这样的背景下，寻求特色、坚持突破和创新成了学校立足的根本。结合党和国家对科学创新的重视以及科技创新对学校发展、国家崛起、社会进步、人类文明的重要性，学校决定响应国家的号召，紧跟党的步伐，跟党走，以为党培养人才的思路，抓住当前科技创新的浪潮，把科技创新作为一大特色，重点突出培养科技人才预备队，因此确立将“科技创新”作为学校的特色发展方向。在叶双秋校长和曹共平书记的领导下，全校教师从零出发，凭借对教育事业的热爱和执着，逐步打造出了一所具有鲜明特色的学校。这种勇于突破、敢于创新的精神，不仅为学校赢得了声誉，还为学生们提供了一个充满机遇和挑战的学习环境。随着学校的不断发展，全体师生会继续保持这种创新精神，不断探索和实践，为学校的特色发展注入新的活力。同时，也期待学校能够培养出更多具有创新精神和实践能力的学生，为社会的发展作出更大的贡献。

2. 家庭也是教育实践需求不可忽视的一部分

家庭是孩子成长的第一课堂，家长对教育的期望和需求直接影响孩子的成长方向。在科技创新教育方面，家长希望孩子具备创新思维和实践能力，未来能够在社会中立足并有所作为。因此，学校和社会需要加强与家庭的沟通和合作，共同推动科技创新教育的发展，满足家庭的期望和需求。

3. 社会需求是教育实践发展的重要驱动力

随着社会的快速发展和科技的日新月异，社会对人才的需求也在不断变化。科技创新教育模式的出现，正是为了满足社会对具备创新精神和实践能力的人才的需求。科技创新教育可以培养出更多具备创新思维和解决实际问题能力的人才，推动社会的进步和发展。

综上所述，教育实践的多层面需求共同推动着科技创新教育模式的发展和完善，为培养更多具备创新精神和实践能力的人才提供了有力保障。

（三）科技进步、人类文明以及社会发展的需求

科技进步、人类文明以及社会发展的需求是相辅相成的。科技进步为人类文明的发展提供了强大的动力和支持，同时也促进了社会的进步和发展。为了满足经济、社会、人才以及可持续发展的需求，需要不断推动科技创新和及其应用，为人类的未来创造更加美好的前景。因此，科技创新在科技进步、人类文明以及社会发展中扮演着至关重要的角色。

1. 科技创新是科技进步的核心驱动力

科技创新不断推动科学研究的进程，使得科研方法更加自动化、数字化和智能化。例如，计算机和人工智能技术的应用极大地提高了科研工作的效率，使科学家能够更快速、更准确地进行实验、分析和推理。同时，科技创新也加速了跨学科研究的发展，使科学界能够更全面地探究自然界的奥秘。这种不断的探索和发现，推动了整个科学领域的进步。

2. 科技创新对人类文明产生了深远的影响

科技创新提高了生产力，使人类能够更高效地进行生产活动，从而推动了社会经济的持续发展。科技创新还提高了人们的生活质量，提高了医疗水平，使人类能够享受到更好的生活。此外，科技创新也加速了信息的传播，使人们能够更快地获取信息、学习知识、交流沟通。这种信息的快速传播有助于人类文明的传播和传承，进一步丰富了人类文明的内涵。

3. 科技创新对社会发展起到了关键作用

科技创新推动了经济结构的调整和转型升级，带动了新兴产业的发展，为社会创造了更多的就业机会。同时，科技创新也促进了社会的公平和进步，使更多人能够享受到科技带来的福祉。此外，科技创新还有助于解决一些社会问题，如环境污染、资源短缺等，为社会的可持续发展提供了有力的支持。

综上所述，科技创新在科技进步、人类文明以及社会发展中都具有不可替代的作用。它不断地推动着人类社会的进步和发展，使我们能够更好地应对未来的挑战和机遇。因此，我们应该高度重视科技创新的发展，加大研发投入，

推动科技创新与社会发展的深度融合。

二、科技创新模式构建的必要性

在当今快速发展的时代背景下，科技创新已成为推动社会进步的重要动力。对于中学而言，开展科技创新教育不仅有助于培养学生的创新精神和实践能力，还是提升学校整体教育水平，形成特色教育品牌的关键所在。因此，有必要在中学推行科技创新教育，并逐渐形成行之有效的教育模式。

（一）满足人才培养的迫切需求

在当今社会，科技创新成为推动国家发展的重要动力，而具备创新精神和实践能力的人才更是国家核心竞争力之一。形成科学的科技创新教育模式，有助于系统地培养学生的创新精神和实践能力，满足国家对高素质人才的需求。通过科学的模式进行教育，不仅能够提升学生的综合素质，还能够为提升国家整体教育效果提供有力支撑。因此，科学的模式是进步的、成功的、高效的，也是很有必要的。

（二）高效利用成功经验，推动工作持续进步

在教育实践中，教师和学校会不断积累成功的经验。形成模式意味着将这些经验系统化、规范化，便于后续工作的高效开展。通过借鉴和运用这些成功经验，不仅教师可以不断积累经验，继续高效开展工作，学校也可以更加有针对性地开展科技创新教育，提高工作效率，推动教育工作的持续进步。

（三）减少摸索过程，避免资源浪费

科技创新教育的开展需要投入大量的资源和精力，如果没有形成科学的模式，学校和科技工作者可能需要花费大量的时间和精力进行摸索和试错。重复实验本来就是一种巨大的浪费，不仅浪费宝贵的资源，还有可能影响教育效果。而形成科学的模式后，学校可以借鉴已有的成功经验，减少摸索过程，避免资源浪费，更加高效地进行教学实践。这样便于其他科技工作者少走弯路，特别是对于新入行的人来说是个福祉。

（四）便于借鉴与推广，促进教育事业与社会发展

形成科技创新教育模式后，其他学校和教育科研机构可以借鉴这一模式，结合自身实际情况进行应用。这不仅有利于教育事业的整体发展，还能够推动社会的进步。通过模式的推广和应用，可以培养更多具有创新精神和实践能力的人才，为国家的科技创新和社会发展提供有力的人才保障。

综上所述，形成科技创新教育模式对于满足人才培养需求、高效利用成功经验、减少摸索过程及促进教育事业与社会发展等方面都具有重要的意义。因此，学校和教育工作者应该积极探索和实践科技创新教育模式，为培养更多优秀人才和推动社会进步作出贡献。

三、学校具备能形成科技创新模式的条件

（一）学科带头人等充足的优秀人才

引进学科带头人等优秀人才，不仅能够为学校带来新的教学理念和教学方法，还能促进学校科研水平的提升，为学校的特色发展注入强大的动力。同时，这些优秀人才的加入也能为学校师生提供更多的学习和交流机会，激发他们的探索欲望，增强他们的创新精神。因此，从 2014 年建校开始，周南梅溪湖中学就在省内甚至全国寻找科技创新优秀工作者，特别是学科带头人，并重点引进获得全国科技创新优秀名师、全国教育改革创新优秀教师奖、全国优秀园丁奖、全国科研工作先进个人、全国骨干科技辅导员、4 届长沙市骨干教师等 80 多项荣誉称号的宁乡市十三中特级教师、教科主任秦有才，聘请他为学校的教科主任，同时请他作为学校科技创新的带头人。同时，学校还引进了全国科研先进个人、全国调查员、全国优秀辅导员、全国优秀辅导老师肖荷花和一大批科技创新骨干教师，以及北京师范大学、东北师范大学等全国名校的一大批应届毕业生。学校现在形成了一支以 20 余名科技名师为主的科技创新队伍。学校的师资力量独具特色，也为学校的长远发展奠定了坚实的基础。此外，学校继续加强人才引进和培养工作，为学校的特色发展提供源源不断的人才支持，同时充分发挥这些优秀人才的示范和引领作用，带动全校师生共同进步，共同创造更加辉煌的未来。

（二）充足的基础设备设施

学校的基础设施建设是其能有效支撑特色发展、模式构建的关键所在。在硬件设施建设方面，学校不遗余力地投入资源，建立了现代化的物理、化学、生物、地理实验室。这些实验室不仅配备了先进的实验设备，还拥有一流的实验教学团队，确保学生能够在实践中学习、深化理论知识。同时，学校还建立了历史特色教室和数学多功能现代化教室。历史特色教室里丰富的历史文物和资料，让学生身临其境地感受历史的厚重与魅力；数学多功能现代化教室则利用现代科技手段，将抽象的数学知识具象化，提高学生的学习兴趣和效率。此外，信息技术（机器人）多功能教室的建设，更是体现了学校对科技创新的重视。学生在这里可以接触到最前沿的机器人技术，培养创新精神和实践能力。而特色劳动实践基地的建立，则为学生提供了亲身体验劳动的机会，让他们在实践中学习劳动技能，培养劳动精神。总之，学校的基础设备设施完善，为特色发展、模式构建提供了有力的支撑。

（三）丰富的校内外科技创新资源支持

在信息化时代的浪潮中，科技创新和创客文化逐渐成为推动教育发展的重要力量。面对这一变革，周南梅溪湖中学紧跟时代步伐，积极整合教育资源，打造了秦有才科技创新名师工作室和创客工作室，旨在为学生提供一个创新实践、探索未知及探究科技创新模式的平台。秦有才科技创新名师工作室汇聚了校内一批在科技创新领域有深厚造诣的教师，他们共同研讨教学方法，分享创新经验，为学生提供个性化辅导和指导。这种名师引领的模式，不仅能够激发学生的学习兴趣，还能够培养他们的创新精神和实践能力。创客工作室的创建，则为学生提供了一个将理论知识转化为实践操作的空间。在这里，学生可以在导师的指导下将自己的创意和想法付诸实践，通过动手制作、反复调试，将一个个构想变成现实。创客工作室不仅提供了丰富的软件资源，还配备了先进的硬件设备，为学生们的创新实践提供了强有力的支持。融合创新与实践的教育模式，是学校在创新教育领域的一次积极探索。通过名师的引领和创客实践的结合，学校为学生创造了一个既有理论支撑又有实践操作的教育环境。这种教育模式不仅有助于培养学生的创新精神和实践能力，还能够促进学校整体教育水平的提升，为社会培养更多具有创新精神和实践能力的人才。在校外，还有湖南省机器人科技教育学会以及长沙市青少年宫等相关合作科技创新平台。因此，丰富的校内外科技创新平台和资源为学校的科技创新模式建立提供了有力的支撑。

（四）有感兴趣，能研究、爱研究，能落实科技创新模式的团队

形成团队是科技创新教育模式研究的基础。一群志同道合的教育工作者，怀揣着对科技创新教育的热情和追求，愿意投入时间和精力进行深入研究和实践。这样的团队能够共同探索教育模式的新思路、新方法，并在实践中不断总结经验，推动模式的不断完善和优化。学校的支持和鼓励对科技创新教育模式研究团队的形成起到了决定性作用。同时，学校还通过制定相关奖励政策，鼓励更多的教师和学生参与到科技创新教育模式的研究和实践中来，营造全校性的创新氛围。学校开展了一系列活动来推动科技创新教育模式的形成和发展。例如，设立秦有才科技创新名师工作室、创客工作室，以及温馨科技创新工作室、易佳星科技创新工作室、文加质观鸟护鸟工作室等平台，为学生提供实践机会和创新空间。

学校在科技创新领域取得的成绩，不仅是对过去十年努力的肯定，还奠定了未来发展的坚实基础，也展现了科技创新模式的各种优势，如激发学生的学习兴趣与主动性、培养学生的创新精神和实践能力、促进教师专业成长、增强团队合作意识以及提高教育质量和效率等。在全球科技飞速发展的背景下，学校将继续深化对科技创新模式的探索和实践，为推动社会主义现代化建设和实现中华民族伟大复兴贡献更多的智慧和力量。

第二节　科技创新模式的构建

“人是科技创新最关键的因素”“创新的事业呼唤创新的人才”“我国要在科技创新方面走在世界前列，必须在创新实践中发现人才、在创新活动中培育人才、在创新事业中凝聚人才”。我们要积极响应党和国家的号召，开创独具特色的科技创新模式，培养时代所需的创新人才。

创新型人才的培养一直是我国教育体系的短板，升学压力导致许多学校盲目追求分数，忽视了学生综合素质、创新能力的培养与发展。周南梅溪湖中学首任校长叶双秋说：“创新的关键在人才，人才的成长靠教育。培养青少年的

探索、创新精神，提升青少年的综合素质，是时代赋予每一位教育工作者的重任。”经过分析论证，叶校长决定将科技创新教育作为学校打造办学特色的突破口。专业的辅导教师是做好科技创新教育的前提。学校做的第一件大事是，出台优惠措施，引进了一名科技创新方面的专业辅导教师——2015 年，被誉为“学生科技创新领路人”的特级教师秦有才被周南梅溪湖中学惜才爱才引才的诚意打动，加入学校。学校随即成立秦有才科技创新名师工作室，并以此为基地成立了专兼职结合的辅导队伍。在秦有才老师的带领下，学校解决了科技创新场所紧缺的问题，通过从校外运土，在天工馆和听梅楼之间连廊的顶上开辟了一块种植基地，名为“生物科技种植园”，作为学生种植和创新实验的区域。为鼓励学生参与科技创新，学校专门成立以学生名字命名的科技工作室。2017 年温馨科技创新工作室挂牌成立。G1501 班学生温馨是长沙市有名的科技创新达人，她在高中阶段获得了 29 项大大小小的科技创新奖，其中国际级 4 项、国家级 5 项、省级 9 项、市级 11 项。学生科技工作室的成立，是学校创举，既激励了校园科技创新达人的创新积极性，又聚集了一批有相关兴趣的学生，培养了更多学生的科学探究和创新意识。为了提供创新平台，学校又投资 500 多万元建设了创客基地。这是长沙市首家中学生创客基地。这个设在天工馆二楼的创客基地涵盖 3D 打印创新实验室、机器人创新实验室、数字探究实验室、生物数码互动实验室、生物科技种植园、创客工作室等功能室，是学校开展科技创新活动的大本营。以名师工作室为依托，以创客工作室为龙头，整合学校科技创新资源，将科技创新、机器人、网页制作、模型比赛、科学影像、防震减灾、生物科技、观鸟护鸟等各个方面的工作都纳入科技创新辅导中来，形成了周南梅溪湖中学科技创新教育的独立模式和特色。

在秦有才老师的带领下，学校独创了以名师工作室为依托，以创客工作室为龙头，以名学生工作室为核心的科技创新模式，如图 1-1 所示。学校成立了秦有才科技创新名师工作室，并以名师工作室作为依托，组织、指导学生开展科技创新实践。学校建立的创客基地，包括 3D 打印创新实验室、机器人创新实验室、生物数码互动实验室、生物科技种植园、劳动实践基地等，作为学生开展科技创新活动的场所，组织 10 多个科技创新社团开展活动。在此基础上，学校形成了初高中学生科技创新的名学生工作室——文加质观鸟护鸟工作室、温馨科技创新工作室和易佳星科技创新工作室，并以此为核心开展学校科技创新工作。

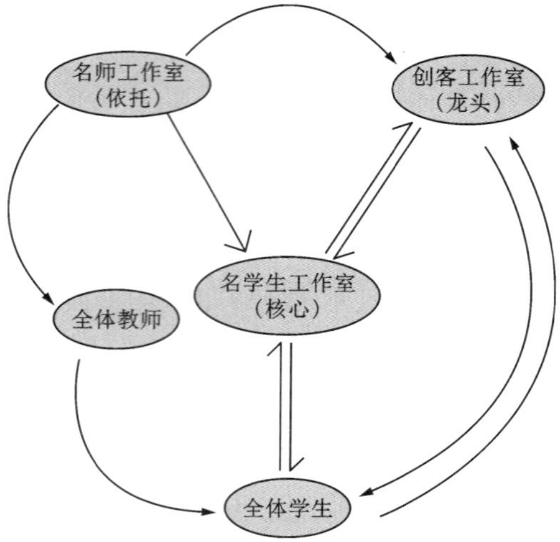

图 1-1　学校科技创新培养模式

一、以名师工作室为依托

2015 年，被誉为“学生科技创新领路人”的特级教师秦有才加入周南梅溪湖中学。学校随即成立秦有才科技创新名师工作室，以秦有才老师为工作室首席名师，并成立了专兼职结合的辅导队伍。以秦有才科技创新名师工作室为依托，引导学校开展科技创新工作，能更好地发挥教师对学生的指导作用，加强对优秀学生的培养。

教师是学校发展之本，秦有才科技创新名师工作室的成立，为学校全体教师树立了榜样，吸引了老师们积极参与到科技创新的指导工作中。其中在科技创新方面卓有成绩的老师如肖荷花、戴启迪、武涛、吴万紫等，加入秦有才科技创新名师工作室后，就在科技创新方面积极探索，认真研究，取得了较好成绩。当然，学校还有很多老师纷纷加入其中，热爱创新，积极作为。秦有才科技创新名师工作室不同程度上聚拢了老师，带动老师们积极探索科技创新活动，为学校的科技创新工作作出了巨大贡献。

在秦有才科技创新名师工作室的名师们的指导下，一些对科技创新感兴趣、有专长的学生开始在各自感兴趣的领域认真学习和研究。秦有才科技创新名师工作室的作用不仅仅是聚拢老师、带动老师，还有更大的作用是指导学生开展科技创新活动。在秦有才老师的指导下，G1503 班学生温馨在高中阶段获得了29项大大小小的科技创新奖。温馨也是学校的科技创新典范学生，在科技创新方面具有浓厚的兴趣和爱好。她还被授予“长沙市优秀青少年科技创新人才”称号。为了提高学生综合创新能力，勉励全体学生勤于思考，善于观察，激发学生的科技创新热情，2017年5月，学校批准成立温馨科技创新工作室作为学校名学生工作室，引领学校科技创新实践，带领全校学生开展科技创新活动。毫无疑问，秦有才科技创新名师工作室培养了一大批像温馨一样优秀的科技创新学子。温馨科技创新工作室的团队成员以及后来相继成立的名学生工作室的学生们，都在秦有才科技创新名师工作室的名师们的指导下积极开展科技创新活动，为学校的科技创新工作贡献力量。

二、以创客工作室为龙头

在创客工作室，除了日常的教学任务之外，大部分时间都是老师和学生在这里开展科技创新活动。在这里，学校培养了一批如温馨、易佳星等科技创新名学生，也产生了一批如肖荷花、戴启迪、武涛等优秀老师。在秦有才老师的带领下，围绕创客工作，师生开展各项研究，取得了优异成绩。创客工作室也成为学校输出创新人才的龙头，在这里，有源源不断的金点子、大发现。

创客工作室还是学校展示科技创新成果的阵地。自学校办学以来，所有师生在科技创新方面的成果都在这里展示，每年的科技创新节，学生的发明作品都在这里展示。创客工作室不仅仅是活动的场所，还是学校的一张靓丽名片，是学校对内研究、对外宣传的阵地，在开展科技创新活动中发挥着主体和龙头作用，为大批学生和老师参加科技创新活动提供了有利条件，也不断吸引着校内外的师生积极参加科技创新活动，产生了较好的社会影响。

三、以名学生工作室为核心

为鼓励学生积极参与科技创新，学校专门成立名学生工作室。名学生工作室是科技创新活动中的精华，是学校创新工作的主心骨，是创新活动的核心。名学生工作室是培训学生的地方，在一个又一个名学生的榜样示范下，会有更多的学生加入并积极参与科技创新活动，更好地推动学校的科技创新工作开展。学校先后设立了文加质观鸟护鸟工作室、温馨科技创新工作室、易佳星科技创新工作室、张云逸科技创新工作室，实行“导师+名学生+名学生工作室”模式，充分体现导师的引领性和名学生工作室的主体性。

学校以名学生工作室为核心，为全体学生树立榜样。一是通过课堂教学、比赛活动、个别谈话、家校沟通等途径，全方位、多角度挖掘和培养在科技创新方面有突出表现、鲜明亮点的“明星学生”，树立一批典型标杆。二是充分利用名学生的引领作用和聚集效应，以名学生个人姓名及特长命名工作室，逐步形成集群名学生效应，例如为勤于观察、善于“找碴”的观鸟女孩文加质开设文加质观鸟护鸟工作室；为大胆创新、小心实践的温馨、易佳星创设温馨科技创新工作室、易佳星科技创新工作室等。三是定期进行实地考察，与工作室成员交流复盘，在“放管结合”之中充分调动学生的积极性、创造性，加速工作室优化与成长。

学校成立名学生工作室顾问团，全面指导和保障工作室运营。一是在顾问团的指导下，实现工作室个性化管理和精细化培养。二是制定名学生工作室运行长效机制，包括场所提供、设备支持、安全保障等。三是配备经验丰富的辅导教师进行辅助指导，以获得以名学生为主、名教师为辅的“1+1>2”的效果。以名学生工作室为核心，发挥关键少数名学生的“头雁”引领作用，带动绝大多数学生跟随，达到“头雁”领航、“群雁”齐飞的良好效果。至今，学校已涌现出了一大批科技创新名学生，激发了学生对美好生活的热爱和对科学探索的兴趣。

名学生工作室的创设，激发了学生对生活的热爱、对美好的追求、对科学的兴趣，为孩子们打开了一个又一个新的世界，点亮了他们心中的灯。名学生工作室也是学生素质培养平台，学生全面参与社会实践活动，极大地推动了科技创新工作取得新的进展，强化了学生示范引领的效果。

第二章　科技创新模式理论研究的意义与价值

第一节　科技创新模式的理论研究

科技创新模式的原理可以概括为以下几个关键点，即相关创新理论的构建，团队协作和沟通理论，跨学科融合理论，实践与反馈循环，产学研结合与协同创新，创新驱动与问题导向等，它们相互作用，共同推动科技创新的发展。

中学科技创新能力培养方面的课程体系，除了传统的科学学科课程、计算机技术课程与通用技术课程外，很多学校还开展了创客教育，以名师工作室为引领，带领学生团队开展科技创新工作。

中学阶段，学生的主业为知识的学习，学习任务较重，所以对市场的了解和感知相对不足。相较于大学生，中学生的基础知识较为薄弱，创新思维与能力不强，对科学前沿的了解不够，所以中学阶段学生科技创新更需要名师的引领，以启发学生的思维。中学生创新教育的优势在于他们的思维发散性很好，精力旺盛，大部分学生对自己感兴趣的事物专注度很高。

一、相关创新理论的构建

名师团队会集合全团队的力量进行理论构建，对学生进行专业培训，如学习相关科学课程、理论知识体系等，尽量补齐学生的短板，使学生具备一定的科技创新基础知识。

二、团队协作和沟通理论

团队协作和沟通理论主要关注团队成员如何有效地合作与交流，以实现共同的目标。这个理论强调了团队工作中协作和沟通的重要性，及其对团队成功的影响。

团队协作理论指出，一个成功的团队需要具备以下几个要素。

明确的共同目标：团队成员需要有一个清晰、共同的目标，这是他们协作的基础。只有当所有成员都明确了解团队的目标时，才能有效地协同工作。

角色和责任明确：在团队中，每个成员都应该有自己的角色和责任。这有助于确保每个成员都能发挥自己的优势，并在团队需要时提供必要的支持。

信任和尊重：团队成员之间需要建立信任和尊重的关系。这有助于促进开放和诚实的沟通，使团队成员能够自由地分享想法和意见。

团队沟通理论则强调了沟通在团队协作中的重要性。有效的沟通可以确保团队成员之间信息流通，帮助他们更好地理解彼此的需求和期望。以下是沟通理论中的一些关键点。

(1)清晰和明确的沟通语言：团队成员需要使用清晰、明确的语言进行沟通，以确保信息能够准确地传达给接收者。

(2)倾听和理解：团队成员需要学会倾听他人的观点，并努力理解对方的立场和需求。这有助于减少误解和冲突，促进更好的协作。

(3)反馈和回应：团队成员需要给予及时的反馈和回应，以确保沟通是双向的。这有助于建立更紧密的合作关系，并促进问题的解决。

在团队协作和沟通理论中，还有一些重要的原则和技巧，如群策群力、取长补短、互相激励、资源共享等。这些原则和技巧可以帮助团队成员更好地协作和沟通，从而提高工作的效率和成功率。

总之，团队协作和沟通理论强调了团队协作和沟通在团队工作中的重要性，并提供了一些有效的原则和技巧来帮助团队成员更好地协作和沟通。

三、跨学科融合理论

跨学科融合理论是指将不同学科、领域的知识、方法、思维方式和工具等融合在一起，以解决复杂问题或推动创新的理论。

跨学科融合理论的核心在于“融合”二字，即不同学科之间的交叉、渗透和融合。这种融合不仅包括知识的融合，还包括方法、思维方式和工具的融合。跨学科融合可以打破传统学科的局限性，拓宽研究的视野和拓展研究的深度，提高解决问题的能力。

在跨学科融合理论的指导下，教育领域开始注重培养学生的跨学科素养和能力。学校通过设置跨学科课程、组织跨学科实践活动等方式，引导学生掌握不同学科的知识和方法，培养他们的综合素养和创新能力。这种教育模式有助于培养具有宽广视野、创新思维和解决问题能力的人才，适应社会的需求。

同时，跨学科融合理论也对科学研究和技术创新产生了深远影响。不同学科之间的交叉融合可以产生新的研究领域和研究方向，推动科学研究的深入和发展。在技术创新方面，跨学科融合可以整合不同领域的技术和资源，推动新技术的产生和应用，提高技术创新的速度和质量。

总之，跨学科融合理论是一种重要的理论框架和指导思想，它强调不同学科之间的交叉、融合和互动，旨在突破传统学科的界限，促进知识的整合和创新。在教育、科研和技术创新等领域，跨学科融合理论都具有重要的应用价值。

四、实践与反馈循环

创新不是孤立的思维活动，而是需要通过实践来验证和完善。创新者需要将自己的想法付诸实践，并且在运用过程中获得相关数据，对自己的创新作品进行反复调整和改良，以求获得更好的用户体验。中学生的观察能力较强，但由于时间和活动范围相对受限，中学生创新作品的用户反馈数据获取相对较难，而且学生创新作品走向市场，获得用户使用且肯定存在较大难度。

五、产学研结合与协同创新

科技创新模式主要依靠产学研结合进行协同创新。政府、高校、企业和科研机构形成良好的合作机制，共同推动科技成果的转化和产业化。中学阶段的科技创新也可以参照此模式进行，充分利用资源。比如，很多中学与大学开展联合培养，适当地进行专业化课程培训，让一部分学生具备更专业的知识体系；充分利用周边资源，让学生了解企业的生产运营内容，掌握市场相关需求，开展产学研结合的协同创新。

六、创新驱动与问题导向

科技创新可以源于生活中对实际问题的解决需求。当人们在实际生产生活中发现一些问题和一些不便之处，寻求更好的解决途径时，创新意识便产生了。再通过对实际问题的分析、推理，结合现有条件，也许创新就产生了。科技创新源于生活，用于生活，原本就是为使人们的生产生活变得更加便利。所以，科技创新是问题为驱动，以解决问题为目标。

七、以创客工作室为平台的科技创新模式

创客工作室是个集创新、实践、教学、科研和交流于一体的综合性平台，其创立的初衷是实现创新型人才的培养，最终目的是培养具备创新意识，动手能力强，具有较强创造力的高素质学生，同时也培养创新型教师。

（一）提升学生创新能力方面

创客工作室为学生提供一个从创意产生到产品转变的实践平台，培养学生的创新精神和动手能力。千里马常有，而伯乐不常有。创客工作室实际上扮演了“伯乐”的角色。学生中从来不缺乏优秀的思维，也不缺具备创新精神的学生，但是怎样将这样的学生筛选出来，并让其才能发挥出来，是一个很难解决的问题。创客工作室可以利用常规课对所有学生进行一定程度的科普教育，同时也使具备优异创新能力的学生发现创客工作室的存在意义，完成对接，再对这部分学生进行深化培养。

（二）教师培养方面

创客工作室立足于课堂教学和教育科研，发挥骨干教师的示范和引领作用，形成集教学、科研能力于一体的团队。以名师工作室为龙头，既注重工作经验的积累，体现团队智慧结晶的继承性，又在不断地吐故纳新过程中实现全面的创新，使之成为创新型教师培养的平台。

（三）创客工作室的功能区域

创客工作室一般包含以下功能区域。

（1）创客新物制作区：供学生开展实践活动的区域，包括模型制作、实物制作等。

（2）3D 打印区：配备 3D 打印机，支持学生将数字模型转化为实体产品。

（3）创客三维数字建模设计区：提供电脑及设计软件，供学生进行三维数字建模设计。

（4）创客教学体验区：供教师进行教学示范、学生进行实践操作等。

（5）创客交流区：供学生、教师及行业专家进行交流和讨论。

(6)创客作品展示区：展示学生的创新成果和优秀作品。

(四)创客工作室的设备配置

创客工作室相对于一般的传统教育教学模式，更注重学生产学研相结合，所以在设备配置方面，不仅需要能具象化学生思维的工具，还需要将产品从图像转化为实物的设备。故在条件允许的情况下，需要具备包括但不限于如下物品：电脑及设计软件、3D 打印机、雕刻机、激光切割机及各种手工工具。当然，创客工作室还需要有能熟练使用上述设备的专业教师。

第二节　科技创新模式的意义和价值

一、推动学校教育改革

对学校科技创新模式的研究有助于推动学校教育改革，促进学校教育现代化。引入新的教学理念和教学方法，改变传统的教育模式，能够使教育更加符合时代发展的需求，培养出更多具有创新精神和实践能力的人才。

二、提升学生的学习兴趣

有数据显示，中学阶段的学生对科学学习的兴趣随着学年的增加呈递减趋势。究其原因，有一部分是学校的教育模式过于单一，基本上以传统的授课方式为主。虽然随着现代教育技术的引入，授课模式从以前的使用一支粉笔变成了使用交互式电子白板，但是学生学习的基本方式依然没有实质性的变化——听课、做习题训练、考试。理论知识扎实，但实践能力薄弱。创客工作室的科技创新模式无疑为学生打开了一扇全新的学习模式大门，学生能将理论知识付诸实践，利用所学进行创新性应用。创新对理论知识的需求激发了学生的求知欲。

三、提升教师的教育教学能力

教师是一个需要终身学习的职业。时代在进步，科技在发展，不同时代对人才的需求不一样。教育的目的就是培养能适应未来社会需求的人才。而作为培养人才的教师，需要有更加扎实的专业功底和学习能力。

学校以创客工作室为平台，对标社会需求，以团队为单位，在培养学生的同时不断推陈出新，培养满足未来教育需求的创新型教师。

四、有利于文化育人

在科技创新教育领域，道路注定是坎坷的，创新没有参考，但科技创新模式可以有参考。以创客工作室为龙头，根据以往的经验，能不断培养出创新型教育人才和适应未来社会需求的创新型人才，让每一个处于相应环境中的人都能形成积极的科技创新意识，强化创新思维，形成创新教育文化，实现文化育人的最终目标。

五、促进学科交叉融合

现实生活中，一个问题的解决往往涉及多个学科的知识。学校对科技创新模式的研究有助于促进不同学科之间的交叉融合。在科技创新的过程中，往往需要运用多个学科的知识和方法，这有助于打破学科壁垒，促进学科之间的交流和合作。

六、增强学校竞争力

学校对科技创新模式的研究有助于提升学校的竞争力。在科技创新方面取得显著成果的学校，往往能够吸引更多的优秀学生和教师，从而提高学校的声誉和影响力。同时，学校科技创新成果的转化和应用也能够为地方经济发展提供有力支持。

七、服务社会发展

科技创新的最终目的是让生活变得更加美好和便利。通过科技创新，能解决一些社会问题和挑战，如环境污染、能源危机等；同时，还可以通过与企业、政府等合作，推动科技成果的转化和应用，为社会发展和进步作出贡献。

第二篇

科技创新模式探索与实践

第三章　周南梅溪湖中学科技创新工作体系的构建

第一节　名师工作室的创建

一、创建背景

在全球化和知识经济迅速发展的今天，科技创新已经成为推动社会进步不可或缺的核心动力。在这个充满变革与创新的时代，中学教育作为培养未来科技创新人才的关键环节，正面临着前所未有的机遇与挑战。随着科技的飞速发展和产业的转型升级，社会对创新人才的需求已经迫在眉睫，对中学科技创新教育的要求也越来越高。

然而，当前中学科技创新教育却面临着诸多亟待解决的问题。首先，由于学生长期学业负担过重，他们对科技创新的兴趣不高，科技创新素养较低。其次，师资不足的问题十分突出，许多学校缺乏专业的科技教师，这直接导致了科技课程的教学质量参差不齐，无法满足学生对科技创新知识的渴望。再次，科技教育资源分散，缺乏统一的管理和整合。这些客观因素使得学生难以获得全面、系统的科技创新知识和技能，限制了学生创新精神和实践能力的发展，从而严重制约了中学科技创新教育的创新与发展，使现有的教育体系在培养真正具备创新精神和实践能力的人才方面捉襟见肘。

因此，创建一种培养师资、指导实践工作的机构——名师工作室，以引领并推动中学科技创新教育的深入发展，就成为必要。名师工作室汇集优秀的科技教师和专家，利用其丰富的教育经验和深厚的专业素养，共同研究和探索中学科技创新教育的最佳实践，并通过开展一系列教师培训、教学交流、课程研发等活动，提升中学科技教师的专业素养和教学能力，推动教育资源的整合和优化，为学生提供更加优质、高效的科技创新教育。同时，名师工作室通过积极与社会各界合作，与企业、科研机构等建立紧密的合作关系，与政府部门积极沟通，争取更多的政策支持和资金投入，引入更多的创新资源和实践机会，积极开展国内外交流与合作，借鉴国际先进的科技创新教育理念和方法，推动中学科技创新教育走向国际化，为中学科技创新教育提供更加广阔的发展空间。

需特别强调的是，名师工作室应该特别关注学生的个性化需求，通过深入了解学生的兴趣、特长和发展需求，为学生提供定制化的科技创新教育方案，为学生量身定制科技创新课程和活动，激发新潜能，培养学生的实践能力和团队协作精神。

总之，创建科技创新名师工作室是满足社会对创新人才需求、推动中学科技创新教育发展的重要举措。我们相信，在名师工作室的引领下，中学科技创新教育将迎来更加美好的明天，可为培养更多具备创新精神和实践能力的人才奠定坚实基础。

二、创建意义

名师工作室的创建，不仅仅是一次教育资源的优化整合，更是一次教育模式的创新与突破。它如同一颗璀璨的明珠，将照亮中学科技创新教育的未来之路，为培养未来创新拔尖人才、科技领军人才奠定坚实的基础。

首先，名师工作室的创建将有效提升中学科技创新教育的质量和水平。名师工作室汇聚了一批教育界的名师，他们将以自己的专业知识和丰富经验，为学生提供更高质量的教学服务。他们将带领学生深入探索科学的奥秘，激发学生的创新潜能，培养学生的科技素养和创新能力。在这样的环境下，学生们将有更多机会接触到前沿的科技知识，了解新的科技发展动态，从而更好地适应未来社会的发展需求。

其次，名师工作室的建立还将激发教师的教学热情和创新精神。在名师工作室中，教师将有机会与同行交流学习，共同探讨教育教学的最佳实践。他们将在这里找到属于自己的教学风格和方法，不断提升自己的教学水平和专业素养。同时，名师工作室还将为教师提供一个展示自己才华和实力的平台，让他们在这里发光发热，为教育事业贡献自己的智慧和力量。

因此名师工作室的创建，不仅能激发学生的创新潜能，促进学生的个性发展，培养未来创新拔尖人才和科技领军人才，还将促进教育公平，缩小区域和校际的教育差距，激发教师的教学热情和创新精神，推动教师队伍的专业成长和团队建设，提升中学科技创新教育的质量和水平，为未来教育注入更多的活力和希望。

三、功能定位

名师工作室，不仅是师生们进行科技创新的乐园，更是推动教育进步的重要力量。名师工作室具体有哪些功能和作用呢？

首先，名师工作室为师生们提供丰富的教学资源和科研机会。这些资源包括先进的实验设备、丰富的图书资料以及来自各领域的专家师资。在这样的环境中，教师可以不断充实自己的知识储备，探索教学方法的创新，而学生可以在实践中锻炼自己的动手能力，培养科技创新思维。此外，名师工作室还为师生们搭建了一个交流与合作的平台。在这里，师生们可以共同探讨科学问题，分享研究成果，相互启发，共同进步。

其次，名师工作室对于推动中学科技创新教育的深入发展发挥重要作用。在名师的引领下，名师工作室可以定期组织各类科技活动和竞赛，如科技创新大赛、科技展示周等，从而激发学生的创新热情，提高他们的科技素养。同时，名师工作室还可以与高校、科研机构等建立合作关系，引进先进的教育理念和技术手段，为中学科技创新教育注入新的活力。通过这些举措，中学科技创新教育将得到更加广泛和深入的推广，教育质量和水平也将得到显著提升。

最后，名师工作室具有示范引领作用。作为科技创新教育的先行者，名师工作室的成功经验和做法可以为其他学校和有关部门及机构提供借鉴和参考。通过分享经验、举办研讨会等形式，名师工作室可以带动更多学校和有关部门及机构积极参与到科技创新教育中来，形成良好的教育生态。这种生态不仅有利于培养学生的创新能力和科技素养，还有助于推动整个社会的科技进步和创新发展。

总之，名师工作室作为中学科技创新教育的重要平台，具有提供丰富教学资源、推动教育进步、发挥示范引领作用等多重功能和作用。在未来的发展中，我们有理由相信，名师工作室将继续发挥其在中学科技创新教育中的独特优势，为培养更多具有创新精神和实践能力的优秀人才作出更大贡献。

四、创建原则

在创建名师工作室的过程中，进行策略性思考和架构设计，确定创建原则，是不可或缺的环节，原则的有效实施，将为名师工作室的未来发展奠定坚实的基础。

首先，明确名师工作室的发展目标和定位是至关重要的。名师工作室的目标是成为引领学校科技创新教育的核心力量，这一目标的设定不仅体现了学校对科技创新教育的重视，也为名师工作室指明了前进的方向。为了实现这一目标，将名师工作室的定位进一步确定为：以名师为核心，汇聚优质教育资源，推动中学科技创新教育的深入发展。

其次，根据目标和定位，要设计合理的组织架构和运作机制。要建立一套完善的组织架构，包括教学管理、科研创新、资源整合等多个部门，确保各项工作能够高效有序地进行。同时，还要制定一套运作机制，包括定期的教学研讨、科研交流、资源共享等活动，以促进名师之间的合作与交流，共同推动中学科技创新教育的发展。

最后，要制定详细的发展规划和实施方案。发展规划应明确工作室未来几年的发展目标、重点任务和保障措施，为工作室的未来发展提供明确的指导。实施方案则应详细规划如何落实发展规划中的各项任务，包括具体的实施步骤、时间安排、责任分工等，以确保各项工作能够按照计划顺利推进。

创建名师工作室需要注重策略性思考和架构设计，明确发展目标和定位，设计合理的组织架构和运作机制，制定详细的发展规划和实施方案。只有这样，才能确保名师工作室能够成为引领中学科技创新教育的核心力量，为培养更多具有创新精神和实践能力的人才作出贡献。同时，还需要不断加强名师队伍建设、资源整合与共享以及对外交流与合作，不断提升名师工作室的综合实力和影响力，为中学科技创新教育事业的繁荣发展贡献更多的力量。

五、实施

（一）概述

在科技日新月异、教育改革浪潮迭起的今天，只有秉持先进的理念，精心策划与全面规划，才能走在时代的前列，培养出适应未来社会需求的人才。因此，要始终坚持“整合资源、创新驱动、协同发展”的理念，致力打造一个集教学、科创、实践于一体的全方位科技创新教育平台。

为了实现这一目标，要制定全面细致的发展规划和实施方案。首先，在资源整合方面，充分利用校内外优质教育资源，打破学科壁垒，实现跨学科融合，为学生提供更加广阔的知识视野和更多的实践机会。同时，积极与国内外知名企业和科研机构建立合作关系，引入先进的科技教育项目和资源，为学生提供更加前沿的学习体验。

在课程创新方面，注重课程内容的创新性和前瞻性，紧跟科技发展趋势和教育改革方向。设计一系列具有创新性、实践性和前瞻性的课程，如人工智能、大数据、云计算等前沿科技课程，以及跨学科综合性课程，旨在培养学生的创新思维和跨学科解决问题的能力。此外，还要鼓励学生自主选择课程和学习路径，充分体现他们的个性和发挥他们的特长，实现个性化发展。

在人才培养方面，要关注学生全面和个体的发展。通过实施导师制、科研助理制等制度，为优秀学生提供更多的科研实践机会和创新平台，凝聚创新拔尖人才的培养。同时，还要注重学生的综合素质培养，通过开展丰富多彩的校园文化活动和社会实践活动，提高学生的领导力、团队协作能力和社会责任感。

在教师队伍建设方面，要鼓励教师积极探索新的教学方法和手段，为学生创造更多接触前沿科技的机会。如定期举办教师培训、学术研讨会等活动，提高教师的专业素养和创新能力。同时，还要建立完善的激励机制，表彰在教学和科研方面取得突出成绩的教师，激发他们的工作热情和创造力。

总之，名师工作室秉持“整合资源、创新驱动、协同发展”的理念，通过精心策划与全面规划，打造一个集教学、科创、实践于一体的全方位科技创新教育平台。该平台注重课程内容的创新性和前瞻性，关注学生全面和个体的发展，鼓励教师积极探索新的教学方法和手段。我们相信，在这样的教育环境下，我们的学生将不断成长，成为未来社会的栋梁之材。

（二）机构组成

名师工作室高效运作与协同合作对于教育领域的创新与发展至关重要。为了保障名师工作室的顺利运作，名师工作室特别实行了首席名师负责制。这一制度不仅明确了首席名师在工作室中的核心地位，还赋予了他们在决策过程中的权威与责任。首席名师不仅要具有深厚的学科知识和丰富的教育经验，还要具备卓越的领导才能和团队协作精神。他们不仅要指导名师工作室成员开展教育与学习实践活动，还要引领整个名师工作室的发展方向，确保各项工作与教育目标紧密相连。

1. 构筑组织架构

在首席名师的卓越引领下，名师工作室精心构建了多个职能部门，每个部门均明确其职责与分工，共同构筑高效有序的组织架构。教学管理组肩负课程设计与实施的重任，致力于确保教学内容与方法的科学性与实效性。发明创造项目组则致力于探索创新教育模式，充分运用现代科技手段，以优化学生的学习体验。资源开发共享组负责搜集、整合并分享优质教育资源，为名师工作室成员提供丰富多样的学习材料与参考资料。师资培训组则专注于提升名师工作室成员的教育教学能力，通过定期组织培训与交流活动，推动成员间的相互学习与成长。名师工作室分组设置如图 3-1 所示。

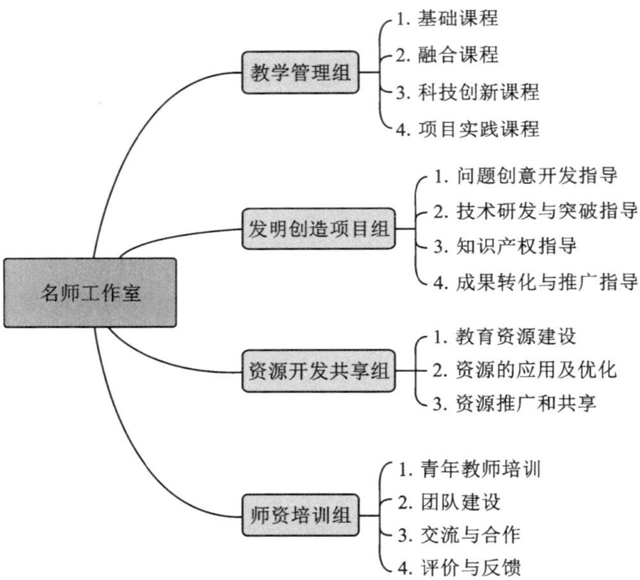

图 3-1　名师工作室分组设置

2. 工作室各组分工

教学管理组是名师工作室的核心部门之一，负责课程的设计与实施。在教学管理组的精心策划下，课程内容既符合教育教学规律，又富有创新性和实用性。同时，教学管理组还会定期对课程进行评估和调整，以确保教学质量的不断提升。

发明创造项目组是集结技术精英的创新团队，专注于项目研发与创新指导。团队以创新思维为引领、深厚技术为基础，致力于发明创造创意指导，或对现有项目进行升级优化，以完成更能接近社会、满足需求、提升体验的科技发明创造项目。发明创造项目组需要在拥有足够的技术实力的基础上兼备创新思维、项目管理、市场营销、团队协作等核心能力。因此，发明创造项目组是一支充满创造力和执行力的精英团队，他们通过持续的技术创新和不懈努力，推动科技创新项目的完成和突破。

发明创造项目组的核心职责如下。(1)市场分析与洞察：对涉及的市场领域进行全面分析，准确把握用户需求和行业趋势，为研发工作提供明确的市场导向。(2)创意筛选与评估：激发团队的创新潜能，筛选出具有市场潜力和创新价值的项目创意，确保研发方向符合市场需求和发展趋势。(3) 技术实现与突破：根据项目需求，开展系统性的技术实现工作，包括新技术的应用探索研究、原型的开发构建、性能测试与优化等，力求在技术或优化实现上取得突破和领先。(4)知识产权保护：对项目研发过程中涉及的知识产权进行全面保护，包括专利申请、商标注册等，确保创新成果得到合理保护。(5)成果转化与市场推广：将研发成果转化为具有市场竞争力的产品，通过精准有效的市场推广策略，将产品推向市场，实现商业价值的最大化。

资源开发共享组则致力于教育资源的整合和共享，不仅积极搜集和整理各类优质教育资源，还通过建立资源共享平台，让这些资源得以充分利用。这不仅提高了教育资源的使用效率，也为广大师生提供了更加丰富的学习资源。

师资培训组则是名师工作室团队建设的重要力量，不仅负责教师的培训和团队建设，还通过定期举办各类研讨会、讲座等活动，提升教师的专业素养和教学能力。在师资培训组的努力下，名师工作室的教师队伍不断壮大，为其可持续发展提供了坚实的人才保障。

为了保障这些部门的协同合作和高效运作，名师工作室还建立了一套科学规范的管理制度。这些制度包括会议制度、项目管理制度、资源共享制度等，它们确保了各项工作有序开展，资源得到合理利用。在这些制度的保障下，名师工作室的各项工作得以高效运转，为教育教学的改革和发展贡献了巨大的力量。

总之，高效运作与协同合作是名师工作室得以持续发展的重要保障。通过明确部门职责、分工合作以及建立科学规范的管理制度，确保了名师工作室的各项工作得以高效运转。这种组织架构和管理制度不仅提高了工作效率和资源利用率，也为名师工作室的可持续发展提供了有力保障。未来，学校将继续深化这一模式，不断探索和创新，为教育事业的发展贡献更多的力量。下面，介绍 2018 年周南梅溪湖中学秦有才科技创新名师工作室的构建情况。

2018 年周南梅溪湖中学秦有才科技创新名师工作室
成员名单

一、顾问：叶双秋、曹共平、王剑湘、赵忠科

二、首席名师：秦有才

三、名师：吴万紫、肖荷花、戴启迪、王亮、徐信

四、管理办公室：刘任池、蒋开亮

五、成员：许晴、万仁敏、黄小满、俞超源、戴欢、彭友云、周永卫、张思、付倩倩、李素云、邓久波、陈天明、朱美珍、谢芳、吴婷、李玉霞、刘政、彭世芳、张隽、杨多文英、陈莉玲、杨志强(长沙高新区金桥小学)、曾薇(长沙高新区虹桥小学)、李婕、董雨桐(周南梅溪湖小学)

说明：1. 本名单为公布的最终名单。以本人递交的书面申请表和年度总结为准。本名单将在校内公布并上报长沙市教育局，一年内不更改。

2. 请名师工作室成员自己加入 QQ 群，此群将成为本名师工作室的工作群；活动及通知将会在此群发出。

长沙市周南梅溪湖中学秦有才科技创新名师工作室

2018 年 6 月 30 日

名师工作室成员职责

一、顾问工作职责

1. 积极指导、协调名师工作室相关工作的推动和活动的开展。

2. 对名师工作室的相关工作方案或者计划提出宝贵的意见和建议。

3. 参加名师工作室要求参加的相关活动和会议。

4. 宣传、推介本名师工作室，提高名师工作室的知名度。

二、首席名师工作职责

1. 协助名师工作室管理办公室选聘工作室成员。

2. 制定名师工作室年度工作计划，合理安排并推进各项工作。

3. 与名师工作室辅导学员签订中青年教师培养责任书，帮助其制定周期发展目标、确定发展途径，规定双方职责及评价办法，承担中青年教师的培训授课任务和学科教学业务指导工作。

4. 建立辅导学员的工作档案，并对名师工作室成员进行年度考核，作出综合鉴定，形成书面意见，按年度提交市教育局名师工作室领导小组管理办公室。

5. 合理规范地规划和使用名师工作室专项经费，并接受名师工作室管理办公室的监督。

三、名师工作职责

1. 积极参加并主动积极协助名师工作室组织开展相关工作和活动。

2. 与名师工作室辅导学员签订中青年教师培养责任书，帮助其制定周期发展目标、确定发展途径，规定双方职责及评价办法，承担中青年教师的培训授课任务和学科教学业务指导工作。

3. 建立辅导学员的工作档案，并对其进行年度考核，作出综合鉴定，形成书面意见。

4. 对名师工作室的相关工作方案或者计划提出宝贵的意见和建议。

5. 宣传、推介本名师工作室，提高名师工作室的知名度。

四、成员工作职责

1. 积极参加名师工作室的课堂诊断、问题研究、专题讲座、课题带动、读书交流、观摩考察等活动，并参与名师工作室每两周开展一次的教学研究活动。

2. 积极完成名师工作室安排的工作任务，如教学示范课、在线研讨、课题研究等。

3. 与首席名师签订中青年教师培养责任书，在专业化成长方面制定周期发展目标、确定发展途径，不断更新教育教学观念，提高课堂驾驭能力，力争在国家级、省级、市级、县级赛课中获奖，努力使自己在工作周期内成为优秀骨干教师。

4. 对名师工作室的工作方案或者计划提出宝贵的意见和建议。

5. 积极总结教育教学经验，积极撰写教育教学论文或报告，参与各级论文评比，同时在工作周期内要参与完成1~2个市级以上重点课题的研究。

6. 积极参加在线研讨，互相解答教师的学科教学问题，使不同学校的学科教师共同提高。

六、管理制度

为了保障名师工作室的规范运作和持续发展，学校制定了全面严谨的章程。章程对名师工作室的宗旨、目标、职责、成员权利与义务等方面进行了明确规定，为名师工作室的规范运作提供了制度保障；同时，还建立了科学规范的管理制度，包括会议制度、项目管理制度、资源共享制度等，确保各项工作有序开展，资源得到合理利用。这些制度的建立和实施，为名师工作室的可持续发展提供了有力支撑。

（一）为了确保名师工作室的高效运行，确定了一些组织保障要求

1. 领导与管理

建立以校长为组长的名师工作室领导小组，负责对名师工作室的各项工作进行管理和考核，为名师工作室提供政策支持。同时，构建分层阶梯式五级管理模式，促进教师的阶梯成长。

2. 经费保障

对于名师工作室的工作经费，根据实际工作量和需求拨给专项经费，专款专用。

3. 制度保障

制定并实施名师工作室的管理规定，包括导师的选派、学员的选拔、培养

计划的制定和实施、年度活动安排、培训工作和学习情况的检查、工作报告的审查和总结等。同时，建立导师和学员的考核评价机制，确保名师工作室的成果得到有效推广和应用。

4. 平台搭建

建立线上管理平台，方便名师工作室成员发布活动信息、开展合作交流、展示工作成果和发挥示范带动作用。同时，通过平台完成活动发布、管理考核等任务，提高管理效率。

5. 成果认定

制定并实施名师工作室成果认定和学时赋予机制，鼓励名师工作室成员积极参与培训和学习。对于完成规定任务并经年度考评合格及合格以上的名师工作室成员，赋予相应的学时。

6. 骨干作用发挥

在各级各类中小学幼儿园教师培训项目实施单位中，优先聘请名师工作室成员承担项目实施任务。同时，对国家级、省级高端培训项目，也优先安排名师工作室成员参加。

总的来说，名师工作室的组织保障要注重领导与管理、经费保障、制度保障、平台搭建、成果认定和骨干作用发挥等方面，确保名师工作室的高效运行和成果的有效推广和应用。

(二) 名师工作室有关管理制度

以下为周南梅溪湖中学科技创新名师工作室章程。

科技创新名师工作室章程

一、性质

1. 名师工作室实行首席名师领衔组阁制，是教师培训机构和教育科研机构相关职能延伸与补充的重要合作体。

2. 名师工作室是引领中青年教师专业成长的重要平台。在首席名师带领下，以先进的教育思想和管理方式开展教师培训、课题研究、教学研讨等教育教学活动。

3. 名师工作室主要任务有：(1)培养、培训教师。(2)课题研究。(3)教学指导。(4)成果辐射。(5)在线研讨。(6)建档考核。

二、基本模式及要求

1. 名师工作室设在首席名师所在单位。

2. 名师工作室实行过程性管理，对名师工作室及其成员进行年度考核、评估。每年写出书面工作总结。

3. 名师工作室实行任期制，以三年为一个周期。任期届满时，由名师工作室领导小组进行总结性评估，工作卓有成效的首席名师可继续命名、授牌，对不能胜任工作或工作业绩不突出者，不再命名和授牌。

三、任务要求

(一)总任务

1. 名师工作室的主要任务是培养、培训中青年教师。

2. 开展教育教学重点问题研究，加强学科教学教研团队建设。

3. 破解学科教学难题，引领学科教学健康发展。

(二)具体要求

1. 每个名师工作室至少每两周开展一次教学研究活动，名师工作室成员每期至少为中青年教师展示五堂教学示范课。

2. 名师工作室要积极开展课堂诊断、问题研究、考试研究、专题讲座、课题带动、读书交流、观摩考察等活动。

3. 不断更新中青年教师的教育教学观念，提高他们的课堂驾驭能力，辅导他们在国家级、省级、市级、县级赛课中获奖。

4. 名师工作室要建立自己的网页，使之成为名师工作室的动态工作站、成果辐射源和资源生成站，并以互动的形式面向中青年教师研修者和广大学生。

5. 名师工作室在线研讨要对外公布，让非名师工作室成员自由参加。

6. 要利用网站开展全市的学科课程教学改革在线研讨，在线解答本市教师的学科教学问题。要利用网站定期开展在线交流、研讨，使不同学校的学科教师有定期交流的固定平台。

7. 名师工作室要对教育教学工作进行专题研究。要提供有价值的旨在提高教育教学管理水平的研究论文或报告，总结自身教育教学经验和名师工作室的经验并加以推广。

8. 每个名师工作室在工作周期内要完成 1~2 个市级以上重点课题的研究并取得成果，撰写一批优质的教育科研文章并著书立说。

9. 名师工作室教学、教研成果应以论文、专著、研讨会、报告会、名师论坛、公开教学、专题讲座、拍摄专题电视片、现场指导等形式向外辐射、示范，引领全县学科课程教学改革。

10. 每个名师工作室在工作周期内应培养出一定数量的优秀骨干教师。

四、文件资料立档管理制度

为保证名师工作室文件的完整，便于查找利用，做好收集、立卷、保管等工作，维护文件资料的完整和安全，特制定本制度。

1. 名师工作室设立档案管理专员，切实做好文件资料的收集、分类、整理、立卷、归档工作，保证文件资料的完整，提高文件资料质量，使档案管理工作达到标准化、制度化、规范化的要求，并逐步实现电子信息化管理。

2. 凡是名师工作室在工作中形成的文件和具有查考利用价值的各类资料、原始记录、出版物、各种图表簿册、照片以及与本名师工作室各类活动相关的上级文件等，都要完整地收集、整理、立卷、保管。

3. 档案管理专员要对名师工作室成员各类信息相关文件资料专门归档，进行管理。

4. 应根据文件资料相互联系、保存价值分类整理立卷，保证档案的完整，能反映名师工作室的主要情况，以便于保管和利用。

五、文件资料档案的保管、查阅制度

1. 所有文件资料档案必须入框上架，科学排列，便于查找，避免暴露或捆扎堆放。

2. 文件柜、档案室要保持整洁卫生，认真做好文件资料档案“八防”工作，特别是档案室防火、防鼠、防湿、防盗工作要常抓不懈，要定期检查、经常核对文件资料档案，发现问题及时处理、报告并做好相关记录，确保文件资料档案的完整与安全。

3. 名师工作室成员因工作需要查阅文件资料档案，须报请名师工作室首席名师批准，外部人员要查阅、复印名师工作室档案，必须持单位介绍信并经本工作室首席名师批准，方可查阅；名师工作室所有档案一律不允许外借。不论是谁查阅、复印档案，名师工作室档案管理专员都必须如实进行登记，注清查阅时间、查阅内容、查阅人姓名、批准领导、是否复印等相关内容。

4. 对于名师工作室机密文件，要有专柜存放并单独设锁，无关人员不准接触，工作人员要严守机密。

六、经费及使用办法

1. 根据上级财政的统一安排，每个名师工作室每年安排 5 万元专项经费。名师工作室所在学校应根据具体情况提供配套经费，创造基本条件，积极支持名师工作室开展教育科研活动或进修提升。

2. 名师工作室经费由所在单位实行专户管理，上级教育行政部门定期对专项经费使用情况进行监督、检查。

3. 名师工作室的经费使用权归名师工作室首席名师。

4. 名师工作室经费主要用于：

(1) 名师工作室添置书籍、办公设备。

(2) 课题研究、专题研究经费。

(3) 聘请专家的授课费。

(4) 与培养工作有关的观摩考察费、加班费、劳务费等。

七、所属学校职责

1. 名师工作室所在学校应根据具体情况提供配套经费，创造基本条件，积极支持名师工作室开展教育科研活动或进修提升。

2. 名师工作室所在单位应为名师工作室专辟独立的工作室并挂牌，并在落实工作地点、安排工作时间和协调工作关系等方面为名师工作室开展研究及实践活动提供支持和帮助。

3. 首席名师和成员所在单位对其从事的名师工作室的工作，应分别按其相应工作量的 1/2 和 1/4 计算。

4. 名师工作室的建立采取学校申报制度。各学校可根据名师工作室的任务、首席名师条件和本章程的有关条款，结合本校的师资、学科优势，确定是否申报。学校在首席名师的选拔中负责教师自荐申报、评议推荐程序。

八、过程性管理图表(样式)

1. 科技创新名师工作室单项、重大工作完成情况表

<table>
<tr><td>工作
内容</td><td colspan="6"></td></tr>
<tr><td>布置人</td><td></td><td>完成人</td><td></td><td>责任人</td><td></td></tr>
<tr><td>布置
时间</td><td></td><td>计划完
成时间</td><td></td><td>实际完
成时间</td><td></td></tr>
<tr><td>催缴
时间</td><td colspan="2">第一次：</td><td colspan="2">第二次：</td><td colspan="2">第三次：</td></tr>
<tr><td>对应
完成
情况</td><td colspan="2"></td><td colspan="2"></td><td colspan="2"></td></tr>
<tr><td>备注</td><td colspan="6"></td></tr>
</table>

2. 科技创新名师工作室成员×××年度总结材料

学校：周南梅溪湖中学　　　　　　　　　　　　　姓名：×××

编号	项目	具体内容
1	个人基本情况	
2	参与或主持的科技创新工作	
3	获得的成绩：(重大奖励可以见后面的附件，这里就写附件里不好填写的)	
4	收获或者体会	

3. ×××年度工作室成员获奖情况登记表

团队成员：____________　　　　　　　　时间：　　　年　　　月　　　日

序	内容	获奖等级	获奖时间	获奖类别	获奖学生	颁奖单位
1						
2						
3						
4						
5						
6						
7						
8						
9						
10						
11						
12						
13						
14						
15						

注意：(1)获奖等级为国家级、省级、市级、县级，重大奖励可以到校级。

(2)获奖类别为：论文、辅导、上课、个人荣誉、集体荣誉。尽量不遗漏。

(3)颁奖单位太多时，可以写前面几个最主要的单位。

(4)表格不够时，可以插入增加任意“行”以满足填写要求。

七、工作特色

(一)课程层面：科技创新教育与学科教学的深度融合课程实施

在名师工作室的框架下，名师工作室紧跟科技发展趋势和教育改革方向，以培养学生的创新思维、实践能力和科技素养为核心目标，精心设计了一系列与学科教学融合的具有创新性、实践性和前瞻性的课程。这些课程不仅体现了教育的时代性，也展现了学校对未来科技人才培养的独到见解。

首先，注重课程内容的创新性和前瞻性。在课程内容的选择上，名师工作室紧密关注科技发展的前沿动态，结合国家教育改革的政策导向，引入最新的科技知识和技术成果。例如，开设人工智能、编程、3D 打印等课程，让学生在学习的过程中接触到最新的科技知识和技术工具。同时，还鼓励学生参与科研项目，通过实际操作和实验探究，培养学生的实践能力和创新精神。

其次，注重教学方法的多样性和趣味性。为了激发学生的学习兴趣和动力，采用案例教学、互动教学、实验教学等多种教学方法。在案例教学中，引入大量的实际案例，让学生在分析案例的过程中掌握科技知识；在互动教学中，鼓励学生积极参与课堂讨论，发表自己的观点和见解；在实验教学中，注重学生的实践操作，让学生在实验探究中发现问题、解决问题。这些多样化的教学方法不仅提高了学生的学习兴趣，也培养了学生的自主学习能力和团队协作精神。

最后，积极开展校内外科技活动，为学生提供更多展示自己的平台。如名师工作室定期组织科技创新竞赛、科技展览等活动，鼓励学生积极参与并展示自己的创新成果。这些活动不仅丰富了学生的课余生活，也提高了学生的创新能力和实践能力。同时，我们还积极与企业、科研机构等合作，为学生提供更多的实践机会和职业发展资源。

总之，名师工作室在规定的框架下，通过精心设计科技创新课程与教学实践，注重培养学生的创新思维、实践能力和科技素养。这些创新实践和卓越课程的设计与实施，为培养未来科技创新人才奠定了坚实基础。我们相信，在未来的科技领域中，我们的学生将展现出卓越的创新能力和实践能力，成为推动社会进步的重要力量。

(二)师资培养层面：全面培养卓越师资和协同合作进行团队建设

名师工作室的成功离不开卓越的师资团队和高效的团队建设。名师工作室汇聚了一批具有丰富教学经验和深厚科研能力的优秀中学科技教师。他们不仅在科技创新教育领域取得了显著成绩，还具备先进的教育理念和教学方法。他们的加入为工作室的发展提供了坚实的人才基础。同时，名师工作室还注重教师的全面培养和专业发展，通过定期开展师资培训、教学研讨等活动提升教师的科技创新能力和教育教学水平。此外，名师工作室还致力于打造一个团结、高效、富有创新精神的团队，通过团队建设活动、合作研究等方式增强团队的凝聚力和协作精神，通过鼓励团队成员之间相互学习、相互支持、相互激励，共同推动工作室的协同发展。这种卓越师资与团队建设的结合为名师工作室的持续发展提供了有力保障。

秦有才科技创新名师工作室常规工作制度

秦有才科技创新名师工作室成立以来，做了大量工作，随着工作量的不断增加，为了更好地做好名师工作室的工作，使之更加合理、高效，特制定此方案，对名师工作室的常规工作进行分散、分工，希望能够产生更高的效率。

一、刘任池：重点是日常工作

包括：

1. 名师工作室工作记录，包括工作加班等。
2. 名师工作室经费使用记载，包括补助表的制定和发放。
3. 工作室材料汇总、收集。
4. 工作完成进度的掌握和催缴。
5. 宣传稿件的上传。
6. 名师工作室的卫生、接待等工作。

二、吴万紫：重点是团队管理

包括：

1. 团队成员表格的收集和制定。
2. 名师带队的安排，名师管理团队制度的制定。

3. 团队成员的进入和出去制度，相关表格的设计和收取。

4. 名师工作室团队成员的考核、申请、审批。

5. 名师团队的考核材料的收集、汇总、初评等。

三、戴启迪：重点是难度大的工作的落实，工作室重大活动的整体协助

包括：

1. 名师工作室制度的制定，如奖励制度、小组活动制度等制度的制定。

2. 名师工作室活动的整体协助、活动摄影。

3. 宣传稿的撰写，包括重大活动的新闻宣传等。

4. 名师工作室工作总结。

四、肖荷花：重点负责课题研究工作

包括：

1. 课题研究材料的收集、整理，相关研究。

2. 名师工作室相关新闻稿的记录、存档，汇总表的制定、统计工作。

3. 名师工作室及成员获奖情况记录、汇总表的制定和填写、证书拍照、证书保存等。

五、集体办公

每周星期三下午或者星期二下午为集体办公时间，具体时间另行通知，要求集体办公时间都在名师工作室办公，便于工作的联系和衔接。

六、临时工作或者活动

一起参与，临时分工。

七、学校科技创新

发明：戴启迪、蒋开亮。论文：肖荷花、杨多文英。实践活动：吴万紫、杨志强。以上分工不具有绝对性。

八、其他工作

以上为大致分工，其他工作根据分工再分配或者增加。

秦有才科技创新名师工作室

2018 年 12 月 1 日

(三)平台层面：名师、名学生、创客三大工作室协同运转

在当今快速发展的社会背景下，中学教育已不再局限于传统的教学模式，而是逐渐向科技创新和实践活动倾斜。为了响应这一时代潮流，周南梅溪湖中学先后组建了创客工作室、名师工作室以及名学生工作室。为充分发挥各工作室的作用，学校特别注重名师、名生、创客三大工作室的紧密合作与协同发展，以期在中学科技创新教育领域开辟出一条新路。

名师工作室，作为引领中学科技创新教育的重要力量，是开展科技创新工作的依托。工作室汇聚了一批富有教学经验和专业知识的优秀教师。他们不仅是知识的传授者，更是学生科研实践的指导者和引路人。在名师工作室的引领下，学校为学生提供了高质量的教学和指导，帮助他们打牢基础知识，培养科学思维和创新能力。

名学生工作室，作为中学科技创新教育的核心力量，选拔和培养了一批具有创新潜力和实践能力的优秀学生。这些学生在名师的指导下，开展了一系列富有创意和实用价值的科研项目和实践活动。他们不仅在学术上取得了显著成果，更在实践中锻炼了自己的动手能力和团队协作精神。

创客工作室，作为中学科技创新教育的龙头，为学生提供了实践创新的平台和机会。在这个充满创意和活力的空间里，学生可以将理论知识与实践相结合，将想法转化为现实。创客工作室不仅提供了先进的设备和工具，还邀请了业界专家和优秀创业者来为学生进行指导和分享。在这里，学生可以充分发挥自己的想象力和创造力，实现自己的创新梦想。

三大工作室之间并非孤立存在，而是相互支持、相互促进的关系。名师工作室为名学生和创客工作室提供教学支持和专业指导，是为依托；名学生工作室在名师的指导下开展科研实践，是开展创新实践活动的主体，为创客工作室提供优秀的创意和人才支持；创客工作室则为名学生提供了实践创新的舞台，同时也为名师工作室提供了丰富的教学案例和实践经验。这种紧密合作与协同发展的模式，共同推动了中学科技创新教育的深入发展。

综上所述，名师、名学生、创客三大工作室的紧密合作与协同发展，对于推动中学科技创新教育具有重要意义。在未来的发展中，周南梅溪湖中学将继续加强三大工作室之间的协同与合作，为培养更多具有创新精神和实践能力的优秀人才而不断努力。

八、反馈与评估：名师工作室持续前进的动力

为了确保名师工作室始终走在创新教育的前沿，必须深刻认识和理解反馈与评估机制的重要性。这不仅是一种责任，更是一种追求卓越的态度。因此，名师工作室积极收集师生以及社会各界的反馈意见和建议，将这些宝贵的信息作为改进和提升工作室运营和管理工作的宝贵资源。

只有倾听内外部的声音，才能更全面地了解自身的不足和优势。每一次的反馈，无论是赞美还是批评，都是前进的动力。赞美让人们更加自信，而批评则促使人们反思和改进。因此，名师工作室珍视每一次的反馈，将其视为工作室成长的催化剂。

为了确保反馈与评估的有效性，学校建立了完善的机制。名师工作室设立了专门的团队负责收集和分析反馈信息，确保每一条建议都能得到认真对待。同时，名师工作室还定期开展内部评估和总结，全面审视工作室的运作情况，及时发现问题并寻求解决方案。

通过反馈与评估机制的持续实施，名师工作室成功解决了许多工作中存在的问题。名师工作室也不断优化和完善工作室的管理制度和运作机制，确保每一项工作都能高效、有序地进行。这种持续改进的精神，已经成为名师工作室的价值观之一。

只有不断学习和进步，才能适应不断变化的教育环境。因此，名师工作室还积极与其他学校和教育机构进行交流和合作，分享经验和资源，共同推动中学科技创新教育的发展。我们相信，通过共同的努力和合作，名师工作室能够为培养更多具有创新精神和实践能力的优秀人才作出更大的贡献。

名师工作室分小组评价与奖励制度

秦有才科技创新名师工作室共分为6个小组，采用名师带学员的形式，分别由首席名师、名师担任组长，每位组长视情况带领2~6名组员。

按活动出勤情况、任务完成情况、获奖情况三方面进行考核。每组基准分0分；活动出勤率、任务完成率实行扣分，获奖情况实行加分；每月小计一次，年终总结一次。

年终小组所有成员总分之和在60分以下为不合格，60分以上为合格。此分数将作为工作室年终考核的唯一量化标准，与年终奖励挂钩。

一、考核评价汇总表

组长	组员	活动出勤情况	任务完成情况	获奖情况	合计
秦有才	1				
	2				
	3				
	4				
肖荷花	1				
	2				
	3				
	4				
戴启迪	1				
	2				
	3				
	4				
吴万紫	1				
	2				
	3				
	4				
刘任池	1				
	2				
	3				
	4				

二、考核评价计分标准

(1)活动出勤情况。

人员	名师活动		集体活动	
	迟到/早退	旷	迟到/早退	旷
名师	扣4分/人次	扣12分/人次	扣2分/人次	扣6分/人次
学员			扣1分/人次	扣3分/人次

注：超过通知时间未到即为迟到，在活动完成前离开即为早退，全场未出现即为旷。

(2)任务完成情况。

<table>
<tr><td rowspan="2">人员</td><td colspan="2">名师任务</td><td colspan="2">集体任务</td></tr>
<tr><td>迟完成</td><td>未完成</td><td>迟完成</td><td>未完成</td></tr>
<tr><td>名师</td><td rowspan="2">扣4分/人次</td><td rowspan="2">扣12分/人次</td><td>扣2分/人次</td><td>扣6分/人次</td></tr>
<tr><td>学员</td><td>扣1分/人次</td><td>扣3分/人次</td></tr>
</table>

注：在通知日期未完成即为迟完成，超过通知日期3日未完成即为未完成。

(3)获奖情况。

<table>
<tr><td rowspan="2"></td><td colspan="4">论文</td><td colspan="4">专利</td><td colspan="4">课题</td><td colspan="4">比赛</td></tr>
<tr><td>县</td><td>市</td><td>省</td><td>国</td><td>县</td><td>市</td><td>省</td><td>国</td><td>县</td><td>市</td><td>省</td><td>国</td><td>县</td><td>市</td><td>省</td><td>国</td></tr>
<tr><td>名师</td><td>1</td><td>2</td><td>4</td><td>8</td><td>1</td><td>2</td><td>4</td><td>8</td><td>1</td><td>2</td><td>4</td><td>8</td><td>1</td><td>2</td><td>4</td><td>8</td></tr>
<tr><td>成员</td><td>1</td><td>2</td><td>4</td><td>8</td><td>1</td><td>2</td><td>4</td><td>8</td><td>1</td><td>2</td><td>4</td><td>8</td><td>1</td><td>2</td><td>4</td><td>8</td></tr>
</table>

注：单位为分/次。比赛的国际奖励为14分/次。

(4)名师工作室工作资源或成果推广共享在线展示。

序号	成果名称	级别	类别	获得者	获得时间

秦有才科技创新名师工作室成员评价及奖励制度

一、名师团队成员年度获奖情况登记表

工作室名师团队(名师姓名):＿＿＿＿＿＿　　　　年　月　日

序	辅导老师	内容	获奖等级	获奖时间	获奖类别	获奖学生	颁奖单位
1							
2							
3							

注意:(1)获奖等级为国家级、省级、市级、县级,重大奖励可以到校级。

(2)获奖类别为:论文、辅导、上课、个人荣誉、集体荣誉。尽量不遗漏。

(3)教师论文等个人获奖情况,教师名字请写在“辅导老师”栏内,获奖者栏空白就可以。

(4)颁奖单位太多时,可以写前面几个最主要的单位。

(5)表格不够时,可以插入增加任意“行”以满足填写要求。

二、秦有才科技创新名师工作室名师团队成员年度获奖情况统计表

工作室名师团队(名师姓名):＿＿＿＿＿＿　　　时间:　　年　月　日

获奖类别	国际级	国家级	省级	市级	区、校级
个人荣誉					
论文获奖					
论文刊登					
辅导学生					
媒体报道					
总计					

注:所统计的获奖情况要是科技创新方面或者与科技创新有关的内容。

三、秦有才科技创新名师工作室名师团队成员量化考核评价表

工作室名师团队（名师姓名）：________　　　时间：　　年　　月　　日

序	考核项目	考核内容	完成情况（具体说明）	计分	备注
1	自身建设情况（20分）	有年度发展规划、年度工作计划（5分）			
		有主持人及相关人员工作职责、年终总结（5分）			
		有工作室发展和个人成长各种过程性资料，有日常管理档案（10分）			重点是过程性资料、日常管理档案
2	团队学习情况（20分）	团队集中学习研讨不少于4次（8分）			记录具体、详细，不要包括名师工作室组织的
		所有成员每人每年阅读2本教育教学专著，并有适当的读书笔记或反思体会（6分）			团队成员参加县教师读书知识竞赛获得奖励的，此项可记满分
		名师和核心成员建立个人空间（6分）			写出个人空间名称或网站
3	自我成长情况（30分）	团队成员参加市级赛课获一等奖记6分，县级一等奖记3分			具体记录
		名师和成员主讲县级学术讲座、示范课，每次记3分			具体记录

续表

<table>
<tr><th>序</th><th>考核项目</th><th>考核内容</th><th>完成情况(具体说明)</th><th>计分</th><th>备注</th></tr>
<tr><td rowspan="2">3</td><td rowspan="2">自我成长情况(30分)</td><td>名师和成员出版专著记10分，省级一等奖论文记5分，市级一等奖记3分</td><td></td><td></td><td>提供专著或论文名称、获奖情况、时间、等级等材料和证书复印件或上传电子稿</td></tr>
<tr><td>名师和成员主持市级课题记2分，市级获奖记5分</td><td></td><td></td><td>课题名称、主持人姓名、获奖情况、等级等</td></tr>
<tr><td>4</td><td>完成培养任务(15分)</td><td>名师至少帮带4位学员教师，听课、评课每学年不少于15节(15分)</td><td></td><td></td><td>有具体的统计数据</td></tr>
<tr><td rowspan="3">5</td><td rowspan="3">承担继续教育培训任务(15分)</td><td>积极配合教师进修学校承担教师培训任务，每学年做县级以上教师培训讲座至少1次(5分)，乡镇级记3分，校级记1分</td><td></td><td></td><td>具体记录</td></tr>
<tr><td>每年工作室组织面向全县的不少于50人的沙龙活动、教学观摩活动1次(5分)，乡镇级记3分，校级记1分</td><td></td><td></td><td>具体记录</td></tr>
<tr><td>积极承担校本培训课程的研发、讲授和指导工作(5分)</td><td></td><td></td><td>具体记录</td></tr>
<tr><td colspan="3">考核得分与等级</td><td colspan="3"></td></tr>
</table>

四、秦有才科技创新名师工作室优秀名师(个人)申报表

<table>
<tr><td>姓名</td><td></td><td>性别</td><td></td><td>民族</td><td></td><td rowspan="4">照片</td></tr>
<tr><td>出生年月</td><td></td><td>政治面貌</td><td></td><td>学历
(学位)</td><td></td></tr>
<tr><td>申报
奖项</td><td colspan="3">优秀名师(　　　　　　)
优秀个人(　　　　　　)</td><td>现任学科</td><td></td></tr>
<tr><td>职称</td><td colspan="2"></td><td>联系方式</td><td colspan="2"></td></tr>
<tr><td>名师工作室个人年度工作总结(从承担学校工作室任务、参加工作室活动、论文发表或者获奖、课题研究、专著编写、辅导学生及参加培训情况等方面作总结)</td><td colspan="6"></td></tr>
<tr><td>工作室主持人意见</td><td colspan="6">负责人签名：
年　　月　　日</td></tr>
<tr><td>学校主管部门意见</td><td colspan="6">负责人签名：
年　　月　　日</td></tr>
<tr><td>备注</td><td colspan="6"></td></tr>
</table>

五、秦有才科技创新名师工作室优秀名师团队评选方案

一、评选小组成员

另聘。

二、评选操作程序

1. 自主申报。

2. 自主记分。

按照记分细则，结合自身实情，进行自主评分，并上交评分表和各类记分点的证书或证明材料，且记分表在规定时间内上交后一律不接受个人增减分的变更。

3. 审核记分：记分小组逐一对照记分点核实记分。

4. 加总排名：每组的总评分，按照从高到低的顺序排名，并进行公示。

三、评优记分办法

（一）小组成员个人得奖记分

1. 个人被评为校、县、市、省、全国优秀教师每次分别记1~5分。

2. 参加活动作报告按校、县、市、省、国家级分别记1~5分。

3. 教师参加各级竞赛，获一等奖，按校、县、市、省、国家级分别记1~5分。

4. 主讲公开课、业务讲座、经验介绍等按校、县、市、省、国家级记1~5分。

5. 辅导学生参加各级竞赛获一等奖，按县、市、省、国家级分别记0.5分、1分、2.5分、5分，同级奖励二、三等奖折扣半计分。

6. 论文评比获一等奖，每篇按县、市、省、国家级分别记0.5分、1分、2.5分、5分，同级奖励二、三等奖折扣半计分；在专刊或专业杂志上发表文章每篇按县、市、省、国家级分别记0.5分、1分、2.5分、5分；出版个人教育教学专著主编记10分，副主编减半计分，作者或者编写成员每人计1分；出版教辅资料的按照专著的编写减半计分；本项都要提供相应的证明材料。

7. 教师参加刊物的编写工作，主编按县、市、省、国家级分别记1~5分，参与人员折半记分。

8. 教师主持或承担科研课题，按校、县、市、省、国家级分别记1~5分；获一等奖，按校、县、市、省、国家级分别记1~5分；同级奖励每降一个等次减1分，参与人员折半记分。

（二）小组成员参与活动记分

小组参加名师工作室活动齐到每次记2分，每缺一人减1分。

（三）小组活动记分

小组组织校、县、市、省、全国活动每次记1~5分。

小组承办校、县、市、省、全国活动每次记1~5分。

（四）小组成员自学记10分

秦有才科技创新名师工作室

20××年××月

秦有才科技创新名师工作室年度工作总结暨创新大赛作品深化交流会活动方案

为了有力推动学校名师工作室建设，更好地开展学校名师工作室和科技创新工作，促进教师的专业成长和发展，提升学校的教育教学水平，使名师工作室更有实效，使学校产生更多的名师工作室和名师，同时，也为下学期将要举行的省市创新大赛做好准备，特举办周南梅溪湖中学秦有才科技创新名师工作室年度工作总结暨创新大赛作品深化交流会。现将有关工作安排如下。

一、时间

2018 年 12 月 28 日。

二、地点

第一会议室。

三、主持人

王剑湘。

四、参加成员

1. 名师工作室所有成员：秦有才、戴启迪、王亮、徐信、吴万紫、万仁敏、刘任池、肖荷花、黄小满、俞超源、戴欢、彭友云、蒋开亮、周永卫、张思、付倩倩、李素云、邓久波、陈天明、朱美珍、谢芳、吴婷、李玉霞、李婕、董雨桐。

2. 学校领导。

3. 长沙市教育局陈利群处长及其他领导。

五、会议议程

1. 介绍与会领导。

2. 学校领导讲话(曹共平书记)。

3. 工作总结暨创新大赛作品深化工作布置(秦有才老师)。

4. 经验交流(戴启迪、徐信、李素云、肖荷花、李玉霞等老师)。

5. 颁奖(年度先进个人：戴启迪、吴万紫、李素云、肖荷花、李玉霞)。

6. 长沙市教育局领导讲话(陈利群处长)。

六、评优设置

1. 年度先进个人：6~8 人(根据方案评定，包括名师 1~2 人、学员 4~6 人，报学校审批、公示。年度先进个人名单：戴启迪、吴万紫、李素云、肖荷花、李玉霞)。

2. 优秀总结材料：3~5 人。

秦有才科技创新名师工作室

2018 年 12 月 25 日

九、名师工作室引导的科技创新项目、活动案例简析及核心荣誉

(一) 名师工作室引导的科技创新项目、活动案例简析

(1) 名师工作室的一项重要成果，就是成功引导并实施了“未来太空车”项目。该项目旨在通过设计和制作太空车模型，培养学生们的创新思维和实践能力。在项目实施过程中，学生们在名师的指导下进行了充分的调研和讨论，确定了设计方案并进行了实践制作。最终，他们成功制作出了具有自主导航、智能避障等功能的太空车模型，并在校内外进行了展示和交流。这一项目的成功实施不仅展示了名师工作室在引导学生科技创新方面的实力和能力，也为其他学校和教育机构提供了有益的借鉴和参考。

(2) “精准扶创，走进高新区”爱心送培暨“未来拔尖创新人才培养名师工作室”研讨活动。为了进一步帮助农村学校提升教师的创新教育水平和创新教育研究能力，促进学校科技教育的健康发展，更好地培养名师工作室成员，湖南省机器人科技教育学会“未来拔尖人才培养名师工作室”、周南梅溪湖中学秦有才科技创新名师工作室联合长沙高新区举行“精准扶创，走进高新区”爱心送培暨“未来拔尖创新人才培养名师工作室”研讨活动。活动方案如下。

“精准扶创，走进高新区”爱心送培暨
“未来拔尖创新人才培养名师工作室”研讨活动方案

一、活动主题

(1) “精准扶创，走进高新区”送培下乡——周南梅溪湖中学秦有才科技创新名师工作室。

(2) “未来拔尖创新人才培养名师工作室”研讨。

二、时间、地点及参加人员

时间：2020 年 12 月 15 日下午。

地点：长沙高新区推山小学。

参加人员：

(1)湖南省机器人科技教育学会“未来拔尖人才培养名师工作室”、周南梅溪湖中学秦有才科技创新名师工作室首席名师及全体成员。

(2)长沙高新区中小学信息技术教研员。

(3)受邀的领导和媒体：长沙市教科院科技创新教研员、名师工作室顾问李启洪；周南梅溪湖中学校长、名师工作室顾问叶双秋；湖南省机器人科技教育学会秘书长马学品；媒体另请。

三、活动内容

(1)专题讲座：《我们的科技创新比赛》(首席名师：秦有才)。

(2)名师交流(吴万紫、肖荷花、杨志强)。

(3)图书、科学制作资源包捐赠仪式。

四、具体安排

(一)活动对接

长沙高新区推山小学校长杨志强。

(二)活动议程

1. 活动启动

长沙高新区推山小学校长杨志强致欢迎辞。

2. 主题交流活动

(1)专题讲座。

(2)互动交流。

(3)向学生代表捐赠《中小学科普教育的实践与思考》图书。

3. 活动总结

(1)领导、嘉宾讲话。

(2)首席名师总结讲话。

(3)为讲座教师颁发荣誉证书。

(4)集体合影。

(三)会标

“精准扶创，走进高新区”爱心送培暨“未来拔尖创新人才培养名师工作室”研讨活动。

联合举办单位：

周南梅溪湖中学秦有才科技创新名师工作室；

湖南省机器人科技教育学会；

长沙高新区推山学校。

（四）方案附件

活动安排表；

送教送培团队专家简介；

活动签到表；

活动反馈表。

秦有才科技创新名师工作室

长沙高新区推山小学

2020 年 12 月 9 日

方案附件 1

“精准扶创，走进高新区”周南梅溪湖中学
秦有才科技创新名师工作室送培下乡活动安排表

时间	内容		负责人	地点
14：20—14：30	活动准备	签到	吴子良	会议室
14：30—14：40	活动启动	介绍与会人员	杨志强	会议室
		致欢迎辞	杨志强	会议室
14：40—15：40	专题讲座	《我们的科技创新比赛》	秦有才	会议室
15：40—16：00	图书捐赠	向学生代表捐赠图书	刘杰	会议室
16：00—16：30	活动总结	本次活动总结	马学品	会议室
16：30—16：40	集体合影	与会人员集体合影留念	刘杰	校门口

方案附件 2

送培团队专家简介

马学品　湖南省机器人科技教育学会秘书长、雅礼中学科技创新辅导员。

秦有才　特级教师、正高级教师，中国发明协会理事、湖南师大硕士研究生导师、湖南省创造学会常务理事、湖南省创客教育中心常务理事、长沙市创新教育专家、长沙市卓越教师。现任周南梅溪湖中学督导与特色建设中心主任，学校科技创新总辅导员。获得全国优秀教师、全国优秀园丁奖、全国科研先进个人、全国优秀指导教师、全国优秀调查员、湖南省优秀科技教师、长沙市华天优秀教师奖等 50 多项国家级、省市级荣誉称号。指导学生申请国家专利 180 多项，获国际金奖 12 项，其他国际级、国家级、省市级奖励 280 多项。出版《中小学科普教育的实践与研究》《创新教育的成功尝试与思考》《新课程化学教学创新的实践与研究》等专著 6 本，助力学校获得全国知识产权教育试点学校、全国防灾减灾科普教育示范学校、全国青少年科学调查体验活动优秀实施学校、中国科协调查站点等 30 多项国家级、省市级科技创新类集体荣誉。

方案附件 3

"精准扶创，走进高新区"周南梅溪湖中学
秦有才科技创新名师工作室送培下乡活动签到表

活动时间：

序号	姓名	单位	电话

方案附件 4

“精准扶创，走进高新区”周南梅溪湖中学秦有才科技创新名师工作室送培下乡活动反馈表

<table>
<tr><td>活动时间</td><td>2020 年 12 月 15 日</td><td>活动地点</td><td>长沙高新区推山小学</td></tr>
<tr><td>活动主题</td><td colspan="3">“精准扶创，走进高新区”周南梅溪湖中学秦有才科技创新名师工作室送培下乡活动</td></tr>
<tr><td>活动要点</td><td colspan="3"></td></tr>
<tr><td>收获及建议</td><td colspan="3"></td></tr>
</table>

您的姓名：________________　　您的工作单位：____________________

（二）名师工作室获得的核心荣誉

1. 核心荣誉

秦有才科技创新名师工作室被评为中国发明协会中小学创造教育分会先进集体（图 3-2），获得第六届中国澳门国际创新发明展优秀组织奖（国际级）（图 3-3）。

2. 相关报道

学校科技创新被网站等报道 300 多次。表 3-1 所示为周南梅溪湖中学科技创新名师工作室引导学生获奖在国家级媒体的部分报道。

图 3-2　先进集体证书

图 3-3　第六届中国澳门国际创新发明展优秀组织奖（国际级）

表 3-1　周南梅溪湖中学科技创新名师工作室引导学生获奖在国家级媒体的部分报道

报道时间	媒体名称	类型	级别	报道标题	报道对象
2018-03-20	凤凰网	网站	国家级	长沙高三女生获 28 项科技创新奖 被称“科创疯子”	温馨
2018-03-20	人民网	网站	国家级	长沙高三女生获 28 项科技创新奖 被称“科创疯子”	温馨
2018-03-20	新华社客户端	网站	国家级	长沙一高三女生获 28 项科技创新奖	温馨
2018-04-27	中新社	网站	国家级	湖南一中学创新动力强劲，学生发明源于生活小事	李雨轩

续表3-1

报道时间	媒体名称	类型	级别	报道标题	报道对象
2018-07-18	中国新闻网湖南	网站	国家级	湖南2项青少年发明作品在中国澳门国际创新发明展上获奖	学校科技创新
2018-09-19	中国知识产权报	报纸	国家级	挖掘创造潜能，激发创新活力	学校科技创新
2018-09-20	中国知识产权报	微信公众号	国家级	挖掘创造潜能、激发创新活力，周南梅溪湖中学这样开展知识产权教育工作	学校科技创新
2018-11-15	今日女报	报纸	国家级	物理老师带出20多个“小小发明家”	肖荷花
2018-12-13	人民日报	微信公众号	国家级	出门忘带钥匙？手机微信也可开锁	学校科技创新
2019-10-17	今日女报	报纸	国家级	长沙中学生两件发明专利作品中国澳门摘金	刘昕阳 易佳星
2019-10-24	中新社	网站	国家级	湖南一中学科创氛围浓 学生发明屡获国际大奖	刘昕阳 易佳星
2019-10-24	学习强国	App	国家级	湖南一中学科创氛围浓 学生发明屡获国际大奖	刘昕阳 易佳星
2020-05-11	学习强国	App	国家级	亮眼！长沙青少年发明“抗疫神器”	王烨熙等

在名师工作室的运营过程中，名师工作室遭遇了许多挑战与困难，但正是这些困难，推动我们不断地反思、进步。如面对如何更好地整合和优化教育资源的问题，名师工作室意识到单纯的资源整合并不足够，更重要的是如何将这些资源有效地转化为教学内容，进而提升学生的学习效果。为此，名师工作室积极寻找和研发了一系列教学资源库和教学辅助工具，以丰富教学内容和方式。

展望未来，学校将继续加强名师工作室的建设和管理，不断提升教育质量和水平。将进一步完善教学资源库和教学辅助工具，为教师提供更丰富、更便捷的教学资源。同时，还将加强教师培训和激励机制，激发教师的教学热情和创新能力，培养更多优秀的教师团队。

在培养科技创新人才方面，我们将更加注重学生的实践能力和创新思维的培养，加强与高校、科研机构的合作，为学生提供更多实践机会和研究项目。同时，学校还将鼓励学生参加各类科技创新竞赛和社会实践活动，让学生在实践中锻炼自己的能力和素质。

精心打造中学科技创新名师工作室是一项长期而艰巨的任务。名师工作室的未来发展需要不断努力和探索。学校将继续秉承“以人为本、注重实效”的教育理念，不断探索和创新，为中学科技创新教育注入新的活力和动力。我们相信，在学校名师工作室的引领下，中学科技创新教育将迎来更加美好的未来。

第二节　创客工作室的创建

一、背景

近年来，为适应建设创新型国家的要求，各地创客工作室的建设如火如荼。2016 年 12 月，周南梅溪湖中学秦有才主任参加在福州举办的全国教育教学设备展览会时，他有意识地参观、考察了展览会场馆里的 10 多个创客工作室的建设模式，发现其建设模式虽有可取之处，但其中创客工作室设计有较多现成的机械设备，学生使用起来也不方便，老师无法引导学生自己动手发明创造，不适合目前中小学校的具体情况。秦有才主任回到长沙之后，将想建立创客工作室的想法汇报给学校领导，得到了学校的大力支持。后来，学校综合实际情况，设计并成立了周南梅溪湖中学创客工作室。

1. 学校有需求

随着现代教育的不断发展，周南梅溪湖中学深刻认识到，仅凭传统教学方式已经难以满足当今社会对学生全面发展的要求。学校在培养学生的创新精神和实践能力方面还存在一定的不足。传统课堂的单向灌输和考试导向的教育模式，容易抑制学生的创造力和动手能力。因此，学校迫切需要一种新的教学模式，能够激发学生的兴趣，培养他们的创新精神和实践能力。

创客教育，以其开放性和实践性，为学生提供一个动手操作、团队合作和创新思维的平台。创客工作室的建立，可以使学生在动手过程中学到更多的知识，培养他们的综合素质。通过参与创客活动，学生可以将理论知识与实际操作相结合，提升他们的动手能力、解决问题的能力以及团队协作能力。这不仅可以丰富学生的学习经历，还可以为他们未来的职业发展打下坚实的基础。

此外，创客工作室的建立有助于提升学校的整体教育水平和办学质量。通过引入创客教育，学校可以拓展教育内容和形式，增强学校的竞争力和吸引力。创客工作室还可以成为学校与外界交流与合作的重要平台，吸引更多的社会资源和专业人士参与学校的教育教学活动，共同推动学校的发展。

2. 政策有要求

近年来，国家和地方政府相继出台了一系列政策，鼓励和支持中小学开展创客教育。教育部等十八部门发布的《教育部等十八部门关于加强新时代中小学科学教育工作的意见》和国务院印发的《全民科学素质行动规划纲要（2021—2035 年）》明确提出，要大力推进中小学创新教育，培养学生的创新精神和实践能力。湖南省教育厅也发布了相关政策文件，要求各级各类学校积极开展创客教育，提升学生的综合素质。

在相关政策的引导下，各地学校纷纷开始探索创客教育的实施途径和方法。周南梅溪湖中学作为一所致力于培养全面发展的学生的学校，积极响应国家和地方政府的号召，决定建立创客工作室，开展创客教育。这不仅是对政策要求的落实，也是学校自身发展的需要。

相关政策的支持为创客工作室的建立提供了良好的外部环境和资源保障。政府在政策、资金和技术等方面的支持，使学校能够更加顺利地开展创客教育工作。相关政策的引导也为学校创客工作室的发展指明了方向，使学校在创客教育的道路上少走弯路，取得更好的效果。

3. 学生有必要

在当今快速发展的社会中，创新精神和实践能力已经成为个人综合素质的重要组成部分。学生不仅需要具备扎实的理论知识，还需要具备较强的动手能力和创新思维。创客工作室的建立，为周南梅溪湖中学学生提供了一个学习和实践的良好平台，满足了学生全面发展的需求。

周南梅溪湖中学创客工作室通过项目制学习和动手实践，培养学生的创新思维和解决问题的能力。学生在创客工作室中，可以自由探索和实验，将自己的创意转化为现实。在这个过程中，学生不仅学到了知识，还培养了团队合作精神和沟通能力。创客教育的实践性和趣味性，使学生在学习中保持浓厚的兴趣，提升了学习的主动性和积极性。

此外，创客工作室还为学生提供了接触和了解前沿科技的机会。通过参与创客活动，学生可以接触到3D打印、机器人、人工智能等新兴技术，拓宽他们的知识面，激发他们对科学技术的兴趣。这对于学生未来的发展具有重要意义，有助于他们更好地适应社会的发展变化，成为具有创新能力和实践精神的高素质人才。

周南梅溪湖中学创客工作室的建立，不仅是学校发展的需求，也是政策的要求，更是学生全面发展的必要。创客工作室将为学生提供一个丰富多彩的学习平台，培养他们的创新精神和实践能力，助力他们在未来的人生道路上取得更加辉煌的成就。

二、意义

1. 推动学校发展

创客工作室的建立是周南梅溪湖中学提升办学水平和创新能力的重要举措。创客工作室不仅是一个技术创新的实验场所，更是学校发展战略中的关键一环。

首先，周南梅溪湖中学创客工作室的建立展示了学校对科技教育的重视。当前，科技的快速发展和社会的数字化转型对教育提出了新的要求。通过创客工作室，学校可以引进先进的教育理念和教学工具，如3D打印机、激光切割机、编程机器人等，为学生提供前沿的技术体验。这不仅提升了学校的硬件设施水平，还增强了学校在科技教育领域的竞争力。

其次，周南梅溪湖中学创客工作室成为学校品牌建设的重要组成部分。一个拥有创新和科技教育优势的学校，必然能够吸引更多优秀的生源和家长的关注。创客工作室作为学校的一大特色，不仅提升了学校的知名度和美誉度，还为学校的招生和宣传工作提供了新的亮点。

最后，创客工作室的建立有助于促进校内外的资源整合与合作。通过与科研机构的合作，学校可以引入更多的外部资源和支持。例如，邀请大学教授来校举办讲座和指导，组织学生参加校外的创客比赛和科技展览，等等。这种校内外资源的互动，不仅提升了学校的办学水平，还拓宽了学生的视野，提高了学生的实践能力。

2. 提升人才培养质量

创客工作室的建立对周南梅溪湖中学的人才培养模式产生了深远的影响。它为学生提供了一个动手实践、自主创新的平台，极大地提升了学生的综合素质和创新能力。

首先，创客工作室可以培养学生的创新思维和实践能力。传统的课堂教学往往侧重于理论知识的传授，而创客工作室为学生提供了亲自动手、实践创新的机会。学生在创客工作室中，通过设计和制作作品，不仅可以将所学的知识应用于实际，还可以培养创新意识和解决问题的能力。这种实践与理论相结合的学习方式，有助于学生全面发展。

其次，创客工作室有助于提升学生的团队合作精神和沟通能力。在创客工作室中，很多项目都是需要团队合作才能完成的。学生在合作中，学会了如何分工协作，如何有效沟通，如何解决团队内部的矛盾和问题。这些宝贵的团队合作经验，对学生未来的学习和工作都有着重要的帮助。

最后，创客工作室可以为学生提供更多的职业启蒙和发展机会。通过参与创客工作室的活动，学生可以接触到各种前沿科技和创新项目，了解不同职业领域的知识和技能。这不仅拓宽了学生的视野，还为他们未来的职业选择提供了更多的参考和方向。

3. 促进教师能力提升

创客工作室不仅是学生的实验和创新平台，也是教师提升自身专业素质和教学能力的重要场所。通过创客工作室，周南梅溪湖中学的教师队伍可以在多个方面获得提升。

首先，创客工作室为周南梅溪湖中学教师提供了一个学习和实践新技术的平台。随着科技的发展，教育技术也在不断更新。创客工作室中的各种先进设备和工具，为教师提供了学习新技术的机会。教师们可以通过操作这些设备，掌握新的教学工具和方法，从而提升自己的教学水平。

其次，创客工作室有助于教师教学理念的更新和教学方法的创新。传统的教学模式往往比较单一，容易导致学生的学习兴趣下降。而创客工作室的建立，鼓励教师尝试项目式学习、探究式学习等新型教学模式。这些新型教学模式不仅可以激发学生的学习兴趣，还可能提升课堂的互动性和教学效果。

最后，创客工作室为教师的专业发展提供了更多的机会。教师可以通过创客工作室，参与到各种创客项目和活动中，与学生共同探讨和研究。这不仅有助于教师专业知识的更新和水平的提升，还为他们提供了更多的科研机会和发展空间。此外，通过创客工作室，教师还可以与外部的专家、学者进行交流和合作，拓宽自己的学术视野。

周南梅溪湖中学创客工作室的建立具有多重意义。它不仅推动了周南梅溪湖中学的发展，提升了学生的人才培养质量，还促进了教师师资力量的增强。通过创客工作室，学校能够更好地适应教育现代化、数字化的发展趋势，为学生提供更加优质的教育服务，培养更多的创新型人才。

三、定位

周南梅溪湖中学创客工作室以其独特的教育模式和先进的设施，致力于推动创客教育的发展，全面提升学生的创新能力和实践能力。创客工作室的目标定位明确，功能完善。

(一)学校从事创客教育活动的服务平台

1. 提供丰富的教育资源

创客工作室作为学校创客教育活动的服务平台，首先要为师生提供丰富的教育资源。这些资源包括先进的软硬件设施，例如，周南梅溪湖中学天工馆二楼配备了专业软件如 CAD 设计工具，提供了编程环境和电子设计自动化(electronic design automation，EDA)工具等。创客工作室定期更新和补充资源，提供专业的培训和指导，确保学生能够接触到最新的技术和设备，紧跟科技发展的步伐。

2. 促进教师专业发展

创客工作室不仅服务于学生，也为教师提供了专业的发展平台。创客教育是一种新兴的教育理念，要求教师具备跨学科的知识背景和动手实践能力。为了帮助教师适应这一新要求，创客工作室在秦有才名师的指导下，为教师提供了一系列培训和专业发展机会。学校定期举办创客教育培训和研讨会等，创客工作室帮助教师更新教育理念，提升教学能力。教师可以在创客工作室中进行观摩和实践，与同行交流经验，分享教学成果，共同探讨如何将创客教育更好地融入日常教学中。创客工作室还鼓励教师进行创客项目的设计和开发，通过实际操作积累经验，并将这些经验应用到课堂教学中，进一步提升教学质量。

3. 推动跨学科融合

创客教育强调跨学科融合，通过项目式学习和实际操作，学生能够将所学的各学科知识融会贯通。创客工作室为这种跨学科融合提供了理想的环境。例如，一个机器人项目可能需要学生运用物理学中的力学知识，计算机科学中的编程技能，以及工程学中的设计原理，在创客工作室中，学生通过实际操作和项目实践，学会了如何将不同学科的知识融会贯通，培养了综合解决问题的能力和创新思维。跨学科的学习不仅丰富了学生的知识结构，也提升了他们的学习兴趣和动手能力，为他们未来的学习和发展打下了坚实的基础。

4. 支持学生个性化发展

创客工作室为学生提供了一个自由探索和个性化发展的平台。学生可以根据自己的兴趣和特长，自主选择项目进行探究和创新。在创客工作室中，学生的创造力和想象力得到了充分的尊重和发挥，个性化教育得到了实践和验证。

(二)学校展示创客教育成果的对外窗口

1. 展示学生创意和创新成果

创客工作室是展示学生创意和创新成果的重要窗口。通过定期举办创客成果展示会、科技展览和公开活动，创客工作室不仅展示了学生在创客方面的优秀作品，也激发了更多学生参与创客活动的热情。这些展示活动为学生提供了一个展示自我、交流经验的平台，增强了他们的自信心和成就感。

2. 加强校际合作和交流

创客工作室作为对外窗口，可以与其他学校建立合作关系，开展联合创客项目和交流活动。通过校际合作和交流，学校可以学习和借鉴其他学校的成功经验，不断改进和提升创客教育水平。同时，这也为学生提供了更多的学习机会和交流平台，拓宽了他们的视野。

3. 扩大学校影响力

创客工作室通过对外展示活动，提升了学校的知名度和美誉度。无论是家长、教育界人士还是其他社会各界人士，通过参观和了解创客工作室，都能感受到学校在创新教育方面的努力和成果。这不仅有助于吸引更多优秀的学生和教师加盟，也为学校赢得了更多的社会支持和资源。

(三)学生实践创客教育活动的场所

1. 提供实践操作环境

周南梅溪湖中学天工馆的创客工作室为学生提供了一个理想的实践操作环境。这里配备了各种先进的创客工具和设备，学生可以在教师的指导下，亲自动手制作和实验，体验从创意构想到实际成品的全过程。通过这种实践操作，学生不仅学会了具体的技术技能，也培养了动手能力和创新精神。

2. 培养团队合作精神

创客项目通常需要团队合作来完成。在创客工作室中，学生们通过分组合作，共同制定项目计划，分工协作，解决实际问题。这样的团队合作经历，不仅增强了学生的合作意识和沟通能力，也让他们懂得了团队合作的重要性和乐趣。

3. 激发创新思维和增强解决问题能力

创客教育的核心是培养学生的创新思维和解决问题的能力。在创客工作室，学生面对的是实际的项目和问题，需要发挥创造力，提出解决方案，并通过反复实验和调整，最终实现目标。这样的过程，极大地激发了学生的创新思维和增强了解决问题的能力。

4. 提供个性化学习支持

创客工作室为学生提供了个性化学习支持。无论是兴趣驱动的项目选择，还是个性化的指导和帮助，创客工作室都尊重和满足每个学生的独特需求。通过个性化的学习体验，学生的兴趣和潜能得到了最大程度的激发和发挥，学习的主动性和积极性也得到了显著提升。

5. 增强动手能力和技术技能

在创客工作室中，学生通过实际操作，掌握了各种技术技能，如编程、电子制作、机械设计等。这些动手能力和技术技能，不仅对他们的学科学习有很大帮助，也为他们将来的职业发展打下了坚实的基础。

周南梅溪湖中学创客工作室的目标定位，既有服务于学校创客教育活动的平台功能，也有展示创客教育成果的对外窗口作用，更是学生实践创客教育活动的理想场所。通过这些多重定位，创客工作室不仅为学生提供了丰富的学习和实践机会，也为学校的发展和创新教育的推广起到了积极的推动作用。未来，创客工作室将继续发挥其独特的优势，探索和实践更多创新教育模式，为培养更多具有创新能力和实践能力的优秀人才贡献力量。

四、创建原则

创客工作室是一个鼓励创新、合作和实践的空间，旨在为个人和团队提供工具、资源和环境，以实现创意和项目。创客工作室创建之前，周南梅溪湖中学对创客工作室创建的原则进行了研究，结合这些原则进行功能区域划分，学校打造出了一个科学合理、高效包容的创客工作室，为各类创意项目提供理想的空间和环境。

（一）空间建设总原则

1. 科学性原则

创客工作室的整体设计要科学，要充分体现科学性，才能使空间建设达到好效果。

2. 先进性原则

创客工作室的整体设计要先进，要充分体现先进性，要将最新的科学技术成果应用到工作室的建设中来，有利于工作室的使用，使工作室的空间建设、工作室的教育达到好效果。

3. 实用性原则

创客工作室的整体设计要实用，要充分体现实用性，不是花架子，是真正能够使创客获得知识和方法，有所作为的地方。

4. 整体性原则

要整体考虑工作室的功能及使用，不能只考虑某一个方面。

5. 合理性原则

创客工作室的整体规划、功能及分区要合理，要体现合理性原则，这样才能够使工作室使用及效果都达到最佳。

6. 针对性原则

要针对学校、学生的具体情况，也要针对学生创客的实际水平，综合考虑最新的科技教育水平，针对性地设计创客工作室的内容和模式。

7. 阶段性原则

创客工作室也好，还是其他项目也好，我们的建设经费不可能一次全部到位，是会随着时间的推移，科学技术的进步，需要不断补充和完善的，因此，我们的整体建设要有阶段性，要符合阶段性原则。

(二) 选址原则

1. 方便、好用原则

选择创客工作室的位置时，要选择方便老师和学生使用、好开展活动的地方。

2. 需求原则

要充分考虑创客工作室的需求，尽量按照创客工作室的需求，选择实际大小、面积等与创客工作室需求相匹配的地址和建筑。

3. 实际原则

要根据学校的布局、房屋的实际情况来选择创客工作室的地址，不能只考虑创客工作室的要求。

4. 整合原则

要结合学校原有的创新场地和设备设施，使其形成一个整体，因此，选址时要尽量往这些地方和方面靠拢，形成整体和规模。

(三) 设备配备原则

1. 合理性原则

装置、设备设施的配备要合适、合理，实用性强，不要随意配备。

2. 适应性原则

装置、设备设施的配备要适应学校情况、学生情况，不能不顾实际情况配备。

3. 针对性原则

装置、设备设施的配备要符合“要适应什么就配备什么”的原则，要有针对性，不要配备了但是又不使用，而要使用的却不配备。

4. 兼顾性原则

装置、设备设施配备时，要注意将培养学生创新意识、调动学生创新兴趣与培养学生创新能力兼顾起来，不能只是简单地注意某一个方面，要通过空间活动带动学生、吸引学生，调动学生创新的积极性，同时深化认识，达到培养一批高水平创客的目的。

(四) 区域设置原则

1. 功能合理原则

创客工作室的区域设置一定要充分论证，功能合理，才能使创客工作室充分发挥作用。

2. 技能培养原则

创客工作室应该以培养创客的技能为主要方向，要把有兴趣的学生培养成为优秀的创客，显然需要培养创客的创新技能和技巧，要有这样的区域来实现这个目标。

3. 兴趣培养原则

创客工作室要注意培养学生创新意识、调动学生创新兴趣，就要通过空间带动学生、吸引学生、调动学生创新的积极性，就要设置一定的区域配备必要的器材，也要通过一定的区域展示创客的活动以及创客取得的成绩。

4. 融合原则

创客教育本身就是一个融合的概念，创客活动本身就是一个多学科、多知识的运用过程。因此，创客工作室的区域设置要注重融合，包括过程融合、学科融合，把创客教育与物理、信息技术、劳动技术、生物等科目融合到一起。要通过学科教学补充学生知识，通过创客活动运用学科知识去解决创客实践中的问题，深化认识，从而培养一批批优秀的创客。

（五）使用原则

1. 合理使用原则

空间建设以后，肯定要使用，使其充分发挥作用，但要注意合理使用，用于创客工作室的活动，不要将创客工作室挪作他用。

2. 均衡性原则

要充分考虑作为科学普及的使用与有创客潜质的拔尖人才培养的使用，不能只考虑创客人才的使用，要让师生都能够感受到学校的意图，吸引一批学生投入创客的怀抱，这样既可以使创客的队伍更加壮大，也可以提高创客队伍的水平。

3. 以培养创客人才为目标原则

创客工作室的建立，不是随意为之，而是有目的的，那就是要培养一批批高水平、高素质的创客，因此，创客工作室要以培养创客人才为目标，要充分调动创客的积极性，带动创客开展创客活动，多参加省市创客节等活动，使培养效果明显。

五、创建实施

（一）组织架构

周南梅溪湖中学创客工作室结合学校的教育目标、创客工作室的功能以及参与者的多样性进行组织架构设计（图 3-4），确保工作室的高效运行和创新氛围的营造。下面以 2023—2024 学年为例展示创客工作室情况。

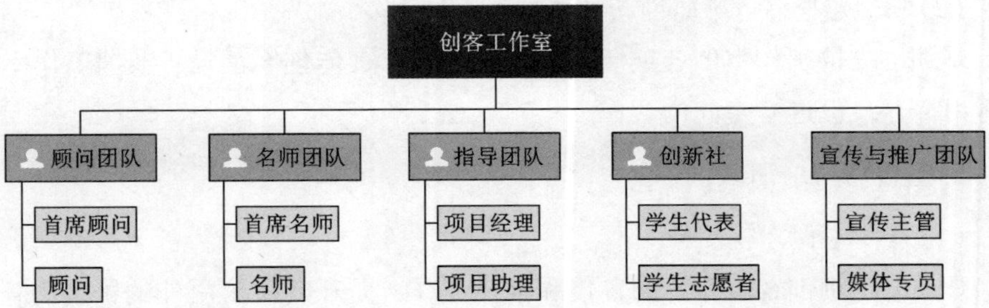

图 3-4　组织架构设计

1. 顾问团队

（1）首席顾问：曹共平、吴伟。

（2）顾问：王晓红、李冠男、马海金。

2. 名师团队

（1）首席名师：秦有才。

职责：负责设计和实施各类培训计划，提升师生的创客技能；组织外部专家讲座和工作坊活动，丰富教育内容；管理日常运营，分管具体领域（如技术支持、教育培训等）；负责工作室的行政事务和资源分配。

（2）名师：肖荷花、吴万紫。

职责：提供项目指导和技术支持。

3. 指导团队

（1）项目经理：秦有才、肖荷花、吴万紫、刘任池、潘慧等。

职责：负责创客项目的规划、执行和评估；帮助学生制定项目计划，指导项目实施过程；协调各项目团队的工作，确保项目按时完成。

（2）项目助理：彭世芳。

职责：协助项目经理进行项目管理工作，处理项目文档和记录；支持项目团队的日常活动，确保项目资源的合理使用。

4. 创新社

（1）学生代表：创新社社长。

职责：参与工作室的日常管理和决策，提出改进建议，代表学生群体的声音。

（2）学生志愿者：历届创新社成员。

职责：支持工作室的各项活动，协助组织和宣传创客活动；维护工作室的秩序和环境，促进学生间的合作。

5. 宣传与推广团队

（1）宣传主管：李人扬。

职责：负责创客工作室的宣传和推广工作，提升其在校内外的影响力；管理工作室的社交媒体、网站和宣传材料。

(2)媒体专员：吴万紫、刘任池、蒋开亮。

职责：制作宣传内容，记录和分享工作室的活动和成果；组织宣传活动，吸引更多学生和社区成员参与。

以上这种组织架构旨在确保创客工作室高效运作，促进创新和合作，同时为学生提供丰富的学习和实践机会。每个团队的明确分工和协作，可以有效地支持创客工作室的各项活动和项目。

(二)分区实施

学校新建一间 130 多平方米的创客工作室，整合学校原有的科技创新设施，重点整合学校天工馆二楼的设备设施，形成包括创客工作室、机器人创新实验室、3D 打印创新实验室、生物科技种植园、生物数码互动实验室、数字化历史教室、数字化地理教室等为主体的创客空间，并将这个创客空间命名为创客基地。在创客基地二楼楼道墙壁上面设有基地简介的展示橱窗、展示创客参加各种比赛的获奖作品的活动展板区，有可以转动的学校标识，增添工作室活力和灵气(图 3-5~图 3-13)。

图 3-5　周梅创客基地标识

图 3-6　周梅创客基地概况简介

图 3-7　创客工作室简介的展示橱窗

图 3-8　创客工作室学生参赛展板

图 3-9　机器人创新实验室

图 3-10　3D 打印创新实验室

图 3-11　生物科技种植园

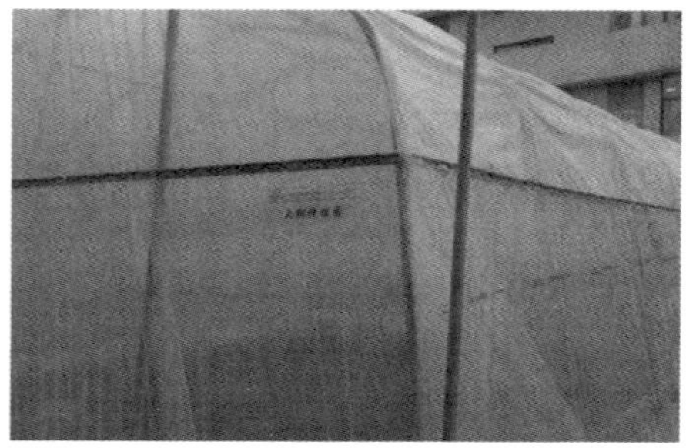

图 3-12　大棚种植园

图 3-13　生物数码互动实验室

学校对创客工作室布局进行精心设计，门口悬挂了牌匾(图 3-14)，室内用屏风隔断(图 3-15)，包括学习讨论区、制作研讨区、文加质观鸟护鸟工作室、温馨科技创新工作室、活动成果区、荣誉陈列区、作品展示区等 7 个区域，这是创客工作室的核心和灵魂。

图 3-14 创客工作室牌匾

图 3-15 创客工作室内屏风

(1)学习讨论区：创客进行学习研究讨论活动的地方(图 3-16)。

(2)制作研讨区：通过讨论交流，有了设想以后，将设想付诸行动，研讨制作作品的地方(图 3-17)。

图 3-16 创客工作室里的学习讨论区

图 3-17 创客工作室里的制作研讨区

(3)文加质观鸟护鸟工作室：学校的名学生文加质和她的观鸟护鸟团队开展研讨、交流的地方，也可以利用工作区域外面的阳台进行校园内的观鸟活动(图 3-18)。

(4)温馨科技创新工作室：学校的科技创新名学生温馨和她的科技创新团队开展交流、研讨的地方(图 3-19)。

图 3-18　创客工作室里的
文加质观鸟护鸟工作室

图 3-19　创客工作室里的
温馨科技创新工作室

(5)活动成果区：展示学校科技创新活动成果的地方(图 3-20)。

(6)荣誉陈列区：展示学校及创客获得的科技创新荣誉证书、牌匾等荣誉陈列的地方(图 3-21)。

(7)作品展示区：展示学校及创客的创客作品、获奖作品的地方(图 3-22)，对作品的获奖情况、作品的作者、指导老师等都有介绍，让创客获得成就感，也让其他同学产生参与感。

图 3-20　创客工作室里的活动成果区

图 3-21　创客工作室里的荣誉陈列区

图 3–22　创客工作室里的作品展示区

特别值得一提的是，学校的创客工作室在天工馆与教学楼之间的连廊顶上装配有太阳能板，组成太阳能电池，它产生的电能供给创客工作室使用，既节约了能源，又突出了环保的理念(图 3–23、图 3–24)。

图 3–23　太阳能发电板

图 3–24　太阳能发电和市电使用转换装置

六、管理制度

创客工作室成立以后，针对怎样使它发挥作用，使创客空间科学、合理、高效地使用，学校逐步建立了完善的创客工作室使用制度，包括创客工作室使用制度、创客空间器材借用制度、创客空间档案管理制度，制定了登记使用表格(表 3–2、表 3–3)等。

表 3-2　长沙市周南梅溪湖中学创客空间器材借用情况登记表

<table>
<tr><td rowspan="4">借用</td><td>借用时间</td><td></td><td>申请人</td><td></td><td>班级</td><td></td></tr>
<tr><td>借用器材</td><td colspan="5"></td></tr>
<tr><td>备注</td><td colspan="5"></td></tr>
<tr><td>经手人</td><td></td><td>审核人</td><td></td><td>审批人</td><td></td></tr>
<tr><td rowspan="3">归还</td><td>归还时间</td><td></td><td>是否完好无损</td><td></td><td>是否警告</td><td></td></tr>
<tr><td>是否需要赔偿</td><td></td><td>赔偿金额</td><td></td><td>是否计入黑名单</td><td></td></tr>
<tr><td>经手人</td><td></td><td>手续是否办理完毕</td><td></td><td></td><td></td></tr>
</table>

表 3-3　长沙市周南梅溪湖中学创客空间器材使用情况登记表

序号	使用人	使用时间	使用目的	使用器材	归还时间	是否全部归还	完好程度	管理人

(一)周南梅溪湖中学创客工作室使用制度

1. 前言

工作室宗旨：普及基础知识、传播先进科技文化、丰富校园生活、加强实践能力、创造科技成果。

工作室目标：培养会员的团队精神、协作精神、学习精神和创新精神。

进入创客工作室程序：由申请人或团队向学校提交申请表，经学院领导决策，符合要求的会员填写登记表。成员的义务是学习。学习各种各类科技知识，学习创新精神，不断挑战自我。成员负有遵守学校纪律，遵守工作室章程的义务。

2. 工作室规定

(1)爱护公共财物，保护公共财产。

(2)任何人不得将创客工作室工具带出创客工作室，如有特殊需要，向管理工具负责人申请，经批准后方可带出。

(3)遵守创客工作室纪律，禁止在创客工作室大声喧哗、打闹等做一切与学习无关的事情。

(4)不得利用创客工作室电脑参与一切与工作学习无关的娱乐活动。

(5)非创客工作室人员未经允许禁止进入创客工作室，如有特殊需要，必须在成员的带领下方可进入。

(6)注意创客工作室卫生，不得在创客工作室内乱扔垃圾，由于工作产生的垃圾必须随时清理，保证创客工作室干净整洁。我们会安排协会成员定期打扫卫生。

(7)每位创客工作室成员在离开创客工作室之前必须对创客工作室的门窗及用电物品进行细致检查，保证门窗随走随关，用电物品电源关闭。

(8)注意用电安全，不能随便乱接电路、乱装器件，在设备或器件连通电路的情况下不得随便拆卸，遇到电路危险情况时，应冷静处理，先切断电源，再检查故障。

(9)科学使用创客工作室的仪器，一定要在明白仪器使用方法后方可使用，对于不明白使用方法，因操纵错误造成仪器损坏的情况，责任到人，谁弄坏谁负责。使用仪器时，注意轻拿轻放。在操作过程中，如发现仪器异常，应立即关机，并查明原因。仪器使用完成后先做使用登记，再切断电源放回原处。定期对贵重实验仪器进行保养。

3. 附则

（1）本制度由学校教科室起草，最终解释权归学校教科室及创客工作室管理者。

（2）本制度自颁布之日起实施。

（二）长沙市周南梅溪湖中学创客空间器材借用制度

为规范管理，确保创客空间器材的完好，账目清晰，借用归还往来有序，特制定本制度。

（1）创客空间器材由各功能室负责人管理，实行“统筹管理，线块结合”的模式。

（2）所有创客工作室成员均可使用或者借用工作室器材，使用和借用器材需填写《长沙市周南梅溪湖中学创客空间器材使用情况登记表》或者《长沙市周南梅溪湖中学创客空间器材借用情况登记表》，由本室管理责任人审核，总辅导老师审批后方可办理借用手续。

（3）器材借用范围：创客空间的器材，属于重要器材的，不得外借；属于易损件的，不得外借。学生需要外借的，由指导老师担保，才能外借。如果不能收回，担保老师负责赔偿。

（4）所有器材借用均不得超过 3 天，如需继续使用，需办理续借手续。

（5）被借用器材必须归还。归还时，管理责任人应检查器材是否完好，待确认无损后在《创客空间器材借用登记表》归还栏处登记，并将器材放回原处，器材归还手续完成。总辅导老师定期核定器材借用情况。

（6）借用者应及时归还器材，逾期不还者，上课时将及时提醒，若提醒后仍没归还，将记入黑名单。

①记入黑名单后 1 周内归还者，打扫功能室卫生 1 周方可从黑名单中剔除。

②记入黑名单后 2 周内归还者，打扫功能室卫生 4 周方可从黑名单中剔除。

③记入黑名单后 2 周以上归还者，将取消创客空间学生成员资格。

④以上所有情况，创客工作室都将要求学生承担赔偿责任，或者移交学校处理。

(7)器材借用人要爱护器材，严禁损坏，若器材损坏，需酌情赔偿。

①轻度损坏视具体情况而定，给予警告并打扫功能室卫生1周。

②器材损坏已影响外观形象的，给予警告并原价赔偿。

③器材损坏已严重影响正常使用的，双倍赔偿，并记入黑名单。

(8)各功能室责任人应根据借用表核对器材的数量，及时登记器材总账，明细账，做到账实相符。

(9)各功能室责任人应做好学生的消防安全常识培训，做好安全用电及防火、防盗、防毒、防爆、防污染等安全防范工作，保证人员和器材安全。

(三)长沙市周南梅溪湖中学创客空间档案管理制度

为保证创客空间档案的完整，便于查找使用，做好收集、保管、借阅、统计等工作，特制定本制度。

1. 办公室

办公室是创客空间档案的管理部门，其主要职责如下：

(1)制定或参与制定档案工作的规章制度。

(2)对创客空间的所有文件材料的归档工作进行指导和监督。

(3)做好创客空间档案的收集、整理、保管和利用工作。

(4)做好永久性档案向学校档案室的移交工作。

(5)提高档案管理的水平和技术，逐步实现档案管理现代化、科学化。

2. 文件材料的收集

(1)收集主体：各功能室负责人。

(2)收集范围。

1)上级主管部门来文。

①上级主管部门下发的需要贯彻执行的文件材料，主要包含参赛文件、指导文件等。

②上级主管部门或兄弟学校参观创客空间的新闻稿件，含文字和图片。

2)创客空间文件材料。

①创客空间的相关制度。

②各功能室教师上课教案，学习情况登记表。

③各功能室学员花名册，学习记录表。

④各功能室在实验过程中形成的具有使用价值的文档、各种记录、各种图表、照片、影音资料。

⑤各功能室活动集锦。

⑥参赛作品、获奖作品、专利作品、荣誉证书、专利证书的文档资料、照片、影像资料、新闻稿件等。

⑦各功能室的台账、往来记录表。

⑧各功能室每学期的工作计划和工作总结及相关报告。

3）媒体报道。

包括各媒体对创客空间的报道，含媒体报道的相关稿件，媒体报道的记录登记表，学校档案室也需对此类文件永久存档。

3. 整理归档管理

对各功能室的档案，应根据其相互联系、保存价值分类整理存档，保证档案的齐全、完整，能反映创客空间的总体情况，又能体现各功能室的特色，便于保管和利用。

（1）档案的分类。

按档案的重要性，在收藏时间上分为永久、长期、短期三种，然后根据事先编好的档案号，采取相应的方法进行分类。

（2）分工。

①创客空间的规章制度由办公室存档，各功能室将相关制度上墙公示。

②上级主管部门的函件由办公室存档管理。

③媒体对创客空间的相关报道由办公室存档管理。

④获奖证书、荣誉证书、专利证书的原件由办公室存档管理，各功能室如需要，可保存复印件。

⑤各功能室每学期的工作计划和总结、相关报告由办公室存档管理。

⑥各功能室在探究过程中形成的需自行存档的文件材料由各功能室自行整理归档，做好相关资料的台账，在每个月月末制作好移交表移交给办公室。

⑦各功能室教师上课的教案、学生花名册及学习情况反馈由各功能室自行整理归档。

⑧各功能室的活动集锦由各功能室自行整理归档。

⑨各功能室的参赛作品、专利作品、获奖作品的相关资料由各功能室自行整理归档。

⑩各功能室的台账、往来记录表由各功能室自行整理归档。

⑪对电子文档的管理，应在电脑中建好相关文件夹，按各功能室进行分类，并做好相应的备份工作。

⑫永久性档案由学校档案室进行管理。

(3)保管。

①档案必须入框上架，按照特征科学排列，便于查找，避免暴露或乱堆乱放。

②档案保存需造册登记，方便查找。

③档案需定期核对，做到账物相符，发现破损变质应及时修补或复制。

④奖牌、获奖证书、专利证书、作品需摆放在专门的区域，做好防尘工作，需上墙的照片必须上框挂墙。

⑤电子资料需备份保存。

(4)归档时间。

①为提高效率，各功能室在每月的文件材料整理登记完毕后，要求在月底编制文件目录，做好移交表，向办公室移交，创客空间总负责人应督促各功能室按时移交归档材料。

②永久性档案需在每学期期末时编制文件目录，做好移交表，向学校档案室移交。

(5)归档手续。

移交档案必须制作移交清单，一式两份，写明文件标题、文件页数、文件数量、移交时间等，交接双方要签名盖章。

4. 档案借阅

(1)创客空间的档案原则上不借阅给个人。

(2)在学校迎检需要提供创客空间的材料时，创客空间按目录提供相关资料，并做好登记。

5. 档案保密

(1)各功能室档案要存放在资料柜并落锁，无关人员不得接触。

（2）相关资料不能带到公共场所。

七、创客工作室开展的活动

1. 红薯收获体验活动

（1）活动时间：2017 年 10 月 26 日。

（2）活动地点：周南梅溪湖中学天工馆三楼与听梅楼三楼连接处。

（3）指导教师：秦有才、李素云、刘任池。

（4）种植指导：张师傅。

（5）活动内容（图 3–25）：

①秦主任讲解示范挖红薯的步骤：首先是杀苗，把覆盖在土上的红薯植株全部用刀或者其他工具给除掉；然后观察，在土中找到露出来的根系，看到红薯的踪迹后，以红薯为中心，从四周开始挖土，让四周的土都变得松动，小心地铲走土壤；最后红薯大部分都露出来的时候，就可以把它完整挖出来了。

②学生动手挖红薯，教师指导。

③师生同乐，生吃红薯。

（6）活动意义：走出课堂，体验农趣，分享喜悦。

图 3–25　红薯收获体验活动

2. 蔬菜有土种植和无土栽培活动

(1)活动时间：2018 年 3 月—6 月。

(2)活动地点：周南梅溪湖中学天工馆三楼与听梅楼三楼连接处和创客工作室阳台处。

(3)指导老师：秦有才、李素云、刘任池、杨多文英。

(4)活动内容(图 3-26)：

图 3-26　蔬菜有土种植和无土栽培活动

①选择种植蔬菜品种：萝卜、白菜、红苋菜等。

②在天工馆三楼与听梅楼三楼连接处进行蔬菜的有土种植，在创客工作室阳台处进行蔬菜的无土栽培。

③定期观察同一蔬菜在不同种植方式下的生长状况，统计植株高度、叶片数目等基本情况。

④整理数据，比较两种种植方式对不同蔬菜造成的影响。

⑤收获蔬菜。

(5)活动意义：掌握无土栽培的基本方法；比较有土种植和无土栽培两种种植方式对不同蔬菜造成的影响；体验种植的乐趣；培养学生观察、统计和分析生物现象的能力。

3. 太阳花种植活动

(1)活动时间：2018 年 4 月—6 月。

(2)活动地点：创客工作室阳台处。

(3)指导老师：秦有才、杨多文英。

(4)活动内容(图 3-27)：

①种子的萌发：取粉、白、紫、黄四种不同花瓣颜色的太阳花种子各 20 粒

播种

定期观察

开花啦

不同颜色的太阳花

图 3–27　太阳花种植活动

撒在垫有潮湿纸巾的培养皿中，置于窗台边。

②每隔 3 天进行一次观察，并统计粉、白、紫、黄四种不同花瓣颜色的太阳花种子的发芽率。

③2 周后，观察萌发种子的伸展方向，并将其分别移栽至装有从网上购买的营养土和装有桃花岭山上的土的盆中，做好标记。

④定期观察粉、白、紫、黄四种不同花瓣颜色的太阳花的生长状况，统计植株高度、叶片数目、是否开花等基本情况。

⑤1 个月后，观察统计粉、白、紫、黄四种不同花瓣颜色的太阳花的开花情况。

（5）活动意义：观察植物的向光性；了解粉、白、紫、黄四种不同花瓣颜色的太阳花种子的萌发率和开花情况；比较从网上购买的营养土和桃花岭山上的土的营养情况。

4. 西瓜种植活动

(1)活动时间：2018 年 4 月—7 月。

(2)活动地点：创客工作室阳台处。

(3)指导老师：秦有才、杨多文英。

(4)活动内容(图 3-28)：

图 3-28　西瓜种植活动

①准备“麒麟瓜”和“黑美人”两个品种的西瓜种子。

②播种：取 5 粒“麒麟瓜”和 5 粒“黑美人”品种的西瓜种子分别种于不同的装有营养土的盆中，做好标记；重复 10 组。

③每隔 3 天进行一次观察，浇水；统计不同西瓜种子的发芽率。

④种子萌发后，每 2 天浇一次水，观察统计西瓜苗的生长情况。

⑤种子开花后，每天浇一次水，观察统计西瓜的结果率和果实生长情况。

⑥果实成熟后，摘下果实，测量果实长、宽，称重，统计数据。

⑦比较分析“麒麟瓜”和“黑美人”两个品种的西瓜的生长情况和口感。

(5)活动意义：了解西瓜种植的一般过程；比较分析“麒麟瓜”和“黑美人”两个品种的西瓜种子的发芽率、两个品种的西瓜的生长情况和口感。

5. 太空架豆种植实验

以下是学生的种植记录。

7月11日，太空架豆长出了花苞(图3-29)，几天以后，花开了，看着一朵朵白色的小花，我们好高兴，我们盼望它们早日结果。

图 3-29　太空架豆开花

7月17日，短短的一段架豆长出来了(图3-30)，我们的太空架豆终于长成了，我们很高兴。几天以后，太空架豆长到14.3厘米了。

7月28日，太空架豆完全长成熟了，我们的实验终于有收获了。

7月20日，一直没有观察到第2根太空架豆的“诞生”，然而，长得最好的太空架豆开始出现黄叶了(图3-31)，要开始枯萎了吗?

图 3-30　太空架豆结荚

图 3-31　太空架豆的黄叶子

6. 文加质观鸟护鸟工作室活动(图 3–32)

图 3–32　第一次集中观鸟活动(梅溪湖边)

2016 年 5 月，在长沙市周南梅溪湖中学的支持下，文加质观鸟护鸟工作室成立。这也是湖南省首个以学生名字命名的学校工作室。

文加质观鸟护鸟工作室归口学校创客工作室管理、指导，将聘请学校热心该活动的老师组成团队指导，并聘请校外知名专家为校外辅导员进行指导。文加质观鸟护鸟工作室团队成员和辅导老师由文加质同学选定，学校审核。工作室将在辅导老师的精心辅导下开展活动，科学选定观鸟工作点，定期和不定期开展各项活动。自工作室成立后两年时间内，工作室近 10 次组织带领同学们观鸟和进行校园周边鸟类调查，完成调查报告 5 份；基于学校创客工作室的论文获得省教育厅征文评比一等奖；在老师的帮助和专家的指导下，文加质同学完成重要的个人鸟类研究作品《法国巴黎和湖南岳阳紫翅椋鸟的比较研究》并获得市研究性学习一等奖。

7. 温馨(易佳星)科技创新工作室活动(图 3–33)

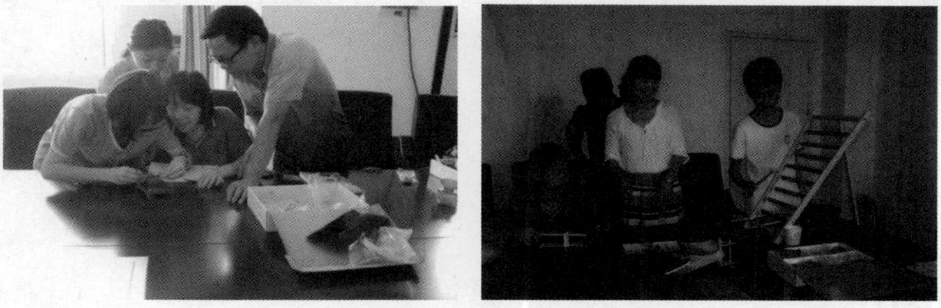

图 3–33　温馨科技创新工作室科技制作活动

创客工作室主要的发明创新活动及培训主要是由温馨(易佳星)科技创新名学生工作室组织完成，包括前面的科技制作、杨梅的采摘及科学实验等活动。2018 年，温馨同学毕业进入高校就读以后，学校推出了易佳星科技创新工作室，由易佳星同学组织工作室开展活动。他们都取得了大量的傲人成绩，得到了媒体的广泛关注。

八、获得的核心荣誉(图 3-34~图 3-36)

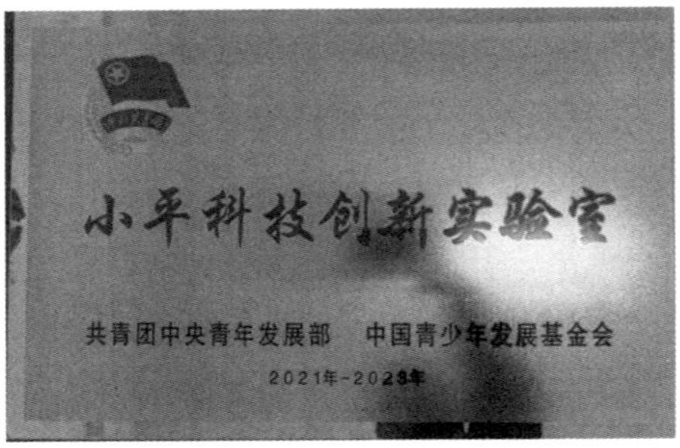

图 3-34　获全国“小平科技创新实验室”称号

证书

长沙市周南梅溪湖中学创客工作室：

在2020年度创新创造教育工作中，成绩显著，被评为

先进集体

特发此证，以资鼓励。

中国发明协会中小学创造教育分会

图 3-35　获全国“先进集体”称号

图 3-36　获长沙市“工人先锋号”称号

第三节 名学生工作室的创建

一、背景

（一）落实立德树人根本任务

党的二十大报告中指出，要加强和改进未成年人思想道德建设，培育时代新风貌。学校作为未成年人思想道德教育的主渠道，不仅需要名校长、名教师的榜样示范作用，更需要名学生作表率。长沙市周南梅溪湖中学通过打造名学生工作室，落实立德树人根本任务，聚焦培根铸魂、价值引领、实践育人，帮助未成年人“扣好人生第一粒扣子”，多措并举推进未成年人思想道德建设，不断开创未成年人思想道德建设工作新局面。

名学生工作室挖掘优秀学生，树立榜样标杆，充分利用名学生的引领作用和聚集效应，以名学生个人姓名及特长命名。自 2014 年建校以来，学校先后创立了文加质观鸟护鸟工作室、温馨科技创新工作室、易佳星科技创新工作室、张云逸科技创新工作室。学校成立了由专业教师组成的顾问团指导名学生工作室开展活动与研究。

名学生工作室赋予了学生极大的自主性，由名学生进行自我服务、自我管理、自我教育，并充分利用宣传推介手段，与媒体、学生上下联动，通过多渠道、多平台的宣传矩阵营造了浓厚的“乐学、善学、会学”氛围，激励人人争做名学生、争创个人工作室。自名学生工作室成立以来，产生了广泛的社会影响，如文加质获评“湖南省十大教育新闻人物”；《中国教育报》、湖南教育网、《长沙晚报》等多家媒体对文加质、温馨、易佳星同学进行报道。

名学生工作室彰显榜样力量，发挥带动作用，激发了学生们对美好生活的热爱、对高尚品德的追求、对科学探索的兴趣，使学生们的思想情感得到熏陶，精神生活得到充实，道德境界得到升华。

（二）适应教育改革的最新需求

科学教育水平是国家科技竞争力的外在体现，是实现教育强国目标的重要突破口。创新是一个民族进步的灵魂，是一个国家兴旺发达的不竭动力，“科技创新，引领未来”既是当下青少年培养的重要内容，也是坚持核心素养培养的重要途径。习近平总书记指出，“对科学兴趣的引导和培养要从娃娃抓起”，“让更多的青少年心怀科学梦想、树立创新志向”，“要让科技工作成为富有吸引力的工作”，“给孩子们的梦想插上科技的翅膀”，“播撒科学种子”，“激发青少年好奇心、想象力、探求欲”。

中学阶段是学生接触科技和创新的最佳时期，有了一定知识基础的学生开始有独立的发展意识，并主动进行探索选择。“大先生”培养“好苗子”，中学的科学教育，即以物理、化学、生物、信息技术、通用技术等学科内容为主的科技创新活动等，承担着培养科技创新人才的重要任务。

当前教育改革指出，教育的实质在于推动人的全面发展，明确要求将学生创新精神以及动手能力的培养，作为中学生素质教育的核心内容，也是培养创新型科技后备人才的重要方法。名学生工作室的建立可以为学生提供更广阔的发展空间，有目的性地根据学生的个性化特征对其进行科技创新教育，注重学生的创新性学习品质和动手实践能力的培养，全方面促进学生创新能力的提升。

（三）基于学校发展的整体目标

自建校起，学校始终坚持“让每一位学生体验成功的喜悦，让每一位学生拥有幸福的未来！”的办学理念。对于在科技创新方面有了一定成绩的学生，学校给予充分肯定和重视，通过成立名学生工作室，让他们感受到成功的喜悦，并激励他们发挥优势，进一步团结组织更多的学生，达到榜样引领效果。

在学校科技创新氛围浓厚、成果突出、创新尖子成绩明显的情况下，学校鼓励科技创新的名学生提高科技创新意识，树立自信和权威，突出领头羊的作用，并以建立名学生工作室的形式，调动他们对科技创新的兴趣，以榜样的形式引领学生互相鼓励、互相学习，共同提高。利用名学生的聚集效应和引领作用，达到带动学生科技创新活动开展、打造学校科技创新特色的目的。

科技创新，已成为周南梅溪湖中学的一张靓丽的名片。“小平科技创新实验室”建设项目国家级“认定授牌”类建设学校、全国防震减灾科普教育示范学校、全国青少年科学调查体验活动优秀实施单位、中国澳门国际创新发明展优秀组织奖、湖南省知识产权教育试点（示范）学校、湖南省科技创新十佳学校、湖南省科技创新活动示范基地、长沙市科技创新特色学校……学校硕果累累、成绩显著，进一步提升了学校的知名度、竞争力和社会影响，进而吸引更多优秀学生和资源。

二、意义

如今，科技创新已成为推动社会发展的重要动力，而中学生作为未来的科技担当，参与其中既有意义，也面临挑战。中学生参与科技创新有激发创新潜能、培养综合素质、推动教育改革等重要意义。

激发创新潜能：中学生正处于学习和探索的关键时期，参与科技创新能够激发他们的创新潜能。通过解决实际问题和应对挑战，中学生可以培养问题解决能力、创新思维和实践能力。

培养综合素质：科技创新需要物理、地理、化学等多种学科的综合知识，中学生参与科技创新能够促进其综合素质的提升。他们能够在项目中学习到科学知识、工程技术团队合作、沟通能力等诸多方面的内容。

推动教育改革：中学生参与科技创新有助于促进教育模式的改革。通过项目化学习、跨学科融合、实践导向、小组研讨的教育方式，可以培养学生的创新思维和实践能力，从而提高教育质量和效果。

三、功能

（一）主体功能

名学生工作室搭建了学校组织学生深入开展科技创新活动的平台，是发动及组织活动的场地，是师生科创实践的组织机构，是学生成果展示的窗口，也是学校对外交流的品牌。

1. 发动及组织活动的场地

学校天工馆二楼的创客工作室专门为名学生工作室留有一个工作场所，方便学生开展相关活动、放置器材、存放资料。目前，学校的创客工作室在西侧分出了文加质观鸟护鸟工作室和温馨科技创新工作室两个区域，这也是创客工作室里 7 个工作区域之中的 2 个。

2. 师生科创实践的组织机构

名学生工作室由指导老师、名学生和学生成员组成，负责制定活动方案、组织活动的筹备工作及参与活动的具体实施。

3. 学生成果展示的窗口

名学生工作室通过名学生的带动效应，在校园形成学科创、爱科创、用科创的良好氛围，为学生提供展示个性的平台。通过名学生工作室这一窗口，展示取得突出成绩的学生的作品、成果，这是创新精神的凝结，是动手实践能力的展现。

4. 学校对外交流的品牌

名学生工作室是课堂教学的深度延伸，既能丰富同学们的课余生活、繁荣校园文化，又是推进素质教育、展现校园文化内涵的重要窗口。

（二）作用功能

1. 提升思想道德修养

名学生工作室本身就是一个由教师指导的名学生的自组、自助、自治性组织机构，在不断开拓创新、服务社会的过程中，学生锻炼和提升自我，使得个人品德的提升有了实践活动这个载体，进一步坚定了科技报国、为民造福的理想信念。

2023 年 3 月 27 日，学习强国、潇湘晨报（晨视频）、三湘都市报（犇视频）、新湖南、湖南教育频道等多家媒体均纷纷报道学校学生张云逸通过发明创造服务社会、服务他人的事迹。在 2022 年第五届中国（上海）国际发明创新展览会上，张云逸同学的“基于远程传输的新冠病人专用枕头”（指导老师：秦有才、肖荷花）和“无人机智能规划的灾后淤泥分布图测绘装置”（指导老师：肖荷花、秦有才、刘任池）获得了金牌。这两个作品都是来源于社会现实的真实情境，再作用于问题治理，是学生关心社会的思想道德的映射。

2. 发挥榜样示范引领作用

作为名学生并不轻松，首先要有较为突出的科创成绩，然后要有一定的影响力，才能有名学生工作室的基础底蕴。在学校批准成立名学生工作室之后，名学生要带动身边的新同学，将创新思维、知识运用、兴趣培养、习惯养成等有机统一起来。在发现名学生的闪光点后，同学们有了向榜样学习的意识，也有了学习的方向和靠拢的目标，再进一步汲取突出名学生的成功经验，发现个人的优劣势，找准自我定位和方向，促进个性化发展，进而以点带面辐射全校学生。

3. 团结、凝聚集体力量

名学生工作室的工作的顺利开展离不开每一位成员的智慧与努力。无论是参加国内外大大小小的发明创造比赛，还是组织校园“四季六节”中的巧手节、学科文化节的单元活动，以及日常管理活动，都需要指导老师和工作室成员凝心聚力，共同围绕设定的目标贡献智慧与力量。如 2024 年 4 月，在学校学科文化节中设立的科技角，从精心挑选展示作品到布置展位，再到现场为学生解答疑问，名学生工作室成员始终默默付出，体现了集体的凝聚力。

4. 提升科学素养、实践能力

在名学生工作室，学生可以将自己的探究精神、实践能力展现得淋漓尽致。它是充分表达个性与才能的平台，也是大家进一步深入学习科学创新思维和提升实践能力的大学堂，由同龄的名学生自主带领大家共同学习、共同进步。通过组织和参加一系列的活动，名学生工作室成员变得更为成熟和稳重了，在组织与协调能力方面获得了提升，与同学交往、沟通的能力也得到了提升。

5. 有效调节学习心理压力

学校现阶段的名学生工作室成员都是初、高中生，学习压力比起以往学段骤增。大家在名学生工作室的活动中慢慢重拾信心，先在实践过程中合理运用所学的理论知识，再通过实践的印证将其迁移到文化课程的学习中，实践和理论的相辅相成有效促进了学业成绩的提升，从而减轻了学习压力，也调节了心理压力。

四、创建原则

1. 以学生为中心

名学生工作室的创建以满足学生的需求和兴趣为出发点，充分发挥学生的主体作用。作为校园文化建设的重要组成部分，名学生工作室是学生施展才华、展示风采的舞台，是培养学生创新思维、动手实践能力、自我管理能力的重要载体。“以学生为中心”的创建原则注重学生个性化发展，关注学生需求和兴趣点。以学生为中心，以兴趣为导向，因材施教，根据名学生的个性特质、广大学生的兴趣爱好进行分类、分层次培养，激发学生自主学习、自主创新的原动力。名学生工作室引导并教给学生如何发现问题、解决问题，让学生自己在感悟和实践中实现融会贯通，培养学生自学能力和解决问题的能力。名学生工作室实施个性化、灵活化、多元化管理，发挥学生的主体作用，以学生成长为旨归。①

2. 多元化发展

借助名学生工作室这一平台，学校可以为学生提供多元化的活动和资源，实现五育并举，促进学生的全面发展。2024 年 4 月，在学科文化节上，学校科技创新总辅导员、名学生工作室指导教师肖荷花老师积极策划组织，联合长沙市科技活动中心安排了科普大篷车巡展，力学、电磁学、光学、物理学等多学科科普展品和炫酷科学表演如掌上火焰、马德堡半球实验，深受广大学子的欢迎与喜爱，激发了学生的科学探究兴趣。

3. 名师引领

学校成立了一支从事科技创新教育的师资队伍，并积极发动各个学科的青年教师参与科技创新教育，采用“走出去”与“请进来”的专兼职相结合的方式，形成了具有“周梅”特色的科技教育队伍体系。“走出去”，即参加湖南省科协等单位组织的相关活动及培训，学习宝贵的科技创新理论和实践经验；“请进来”，即邀请科学专家到校进行指导。如图 3-37 所示，2023 年 2 月 28 日，学校特邀湖南大学电气与信息工程学院袁小芳教授开展《人工智能与机器人技术》专家讲座。

邀请各领域的知名专家和教师担任工作室的指导教师，可以为学生提供专业的指导和支持。作为名学生工作室的创建人，中国发明协会第七、八届理事、湖南省机器人科教学会副秘书长，长沙市周南梅溪湖中学特级教师、正高级教师秦有才，指导多名学生参加市级、省级、国家级乃至国际级别比赛，获荣誉上百项。学校科技创新总辅导员、中学物理学科骨干教师、长沙市物理名师工作室成员、省级科技创新优秀辅导老师肖荷花，带领学生参加科技创新比赛，斩获荣誉 80 余项。

① 高迎爽.“以学生为中心”拔尖创新人才培养模式的思路探讨[J]. 北京教育(高教)，2023，(11)：33-34.

图 3-37　2023 年 2 月 28 日，学校特邀湖南大学电气与信息工程学院袁小芳教授开展《人工智能与机器人技术》专家讲座

五、创建实施

（一）组织架构

名学生工作室是在专家委员会的指导下，以名学生为代表，带领学生广泛参与科技创新实践的组织机构。其组织架构大致可以分为以下几个主要部分，如图 3-38 所示。

专家委员会：由学校主要负责领导、行政干部、相关学科教师及资深专家组成，由名师工作室负责具体指导，主要职责包括制定名学生工作室的发展规划，指导活动的执行以及提供必要的支持和资源。

指导委员会：由校内和校外的名学生工作室指导教师组成，根据对应的名学生工作室实施具体指导。

具体工作室：学校目前共设有 4 个名学生工作室，分别是文加质观鸟护鸟工作室、温馨科技创新工作室、易佳星科技创新工作室、张云逸科技创新工作室，是由名学生自组、自助、自治的单元。

同时，在名学生工作室内还有多个学生兴趣小组。根据学生的兴趣方向，每个小组专注于特定的创新项目或活动。小组内部有分工和合作机制，确保项目及活动顺利进行。

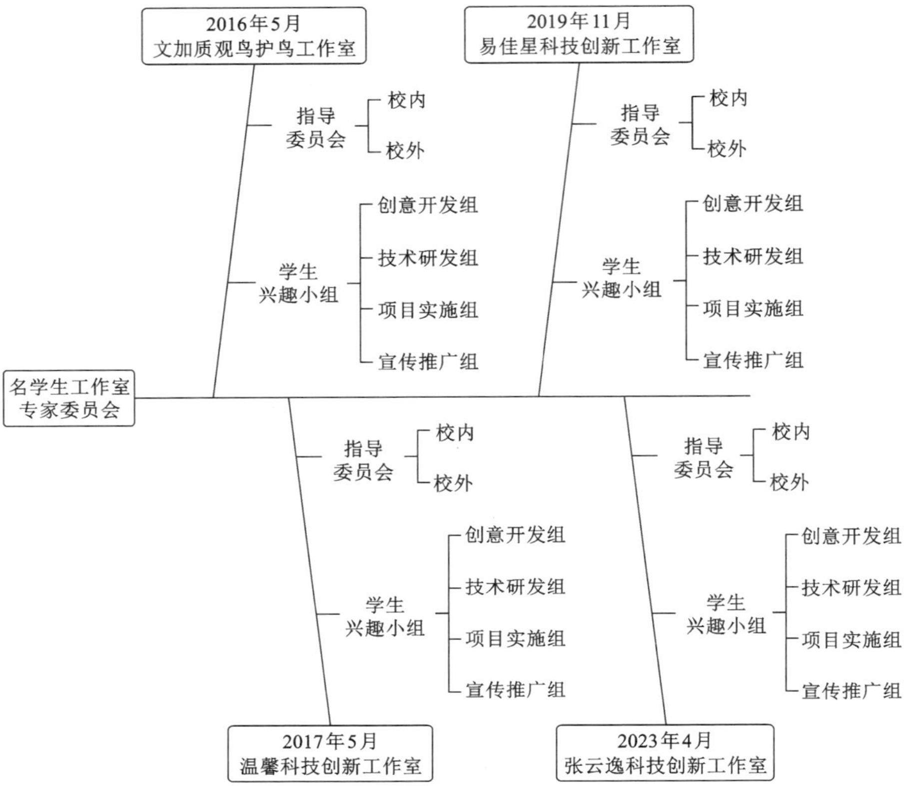

图 3-38　长沙市周南梅溪湖中学名学生工作室组织框架

学生兴趣小组可深入划分为创意开发组、技术研发组、项目实施组、宣传推广组。创意开发组负责提出创新想法和项目构思；技术研发组进行技术研究和实验；项目实施组负责具体项目的执行和落实；宣传推广组负责提升本工作室的知名度和影响力，吸引更多同学参与，并制作宣传物料，联系媒体报道宣传。

以上兴趣小组中，有的学生专注于参加 1~2 个，也有的名学生会带领学生参与从项目的创意开发到具体实施，以及宣传推广的全部过程，逐步推进。

如张云逸科技创新工作室，学生张云逸研发的无人机智能规划的灾后淤泥分布图测绘装置十分有趣，该装置由长沙市周南梅溪湖中学张云逸、张友泰、李思妙共同完成。2021 年郑州遭遇大洪水，灾后淤泥带来的危害很大。灾后的淤泥清理、环境整理以及病媒生物防疫非常重要。需要根据淤泥具体分布情况更好地来分配人力、物力，因此，绘制淤泥分布图是关键。于是，张云逸和同学一起合作，完成了从提出创意到进行技术研究实验，再到逐步推进实施，制作基于无人机路线智能规划的淤泥分布测量系统，包括地面工作站和无人机系统的全部工作。

还有"基于远程传输的新冠病人专用枕头"，能够测量病人主要表面症状特征。它带有相应的传感器、记录仪、信息传输等装置，安装有红外体温感应监测仪、呼吸监测仪，自动监测病人的温度、咳嗽情况等一些身体数据(如是否咳嗽、咳嗽是否厉害等)，同时通过无线传输将信息发送到控制中心，实现远程数据传输，根据设定值确定有异常情况则自动报警。它既缓解了医护人员工作量大的问题，通过远程检查也可以减少与病人的直接接触，减少被感染的机会，具有使用方便、功能多、效率高、人工智能管理等智能化护理特点。在2022年第五届中国(上海)国际发明创新展览会上，该发明荣获金牌，多家媒体对其进行了报道。如图3-39所示，潇湘晨报发表文章《长沙中学生发明新冠病人专用枕头，获了大奖还申请了专利》。

(二)实施单元

1. 文加质观鸟护鸟工作室

2016年5月，文加质观鸟护鸟工作室在周南梅溪湖中学成立。这是湖南省首个以学生名字命名的学校工作室，是全省乃至全国第一个中学生科学工作室。"目的就是希望唤醒全社会共同保护候鸟，同时号召身边更多的同学来爱鸟、护鸟。"校长叶双秋说，"观鸟是一种非常有益的生态环保活动，我们希望在文加质的带领下，能让更多的孩子热爱自然，热爱生命，快乐成长。"

周南梅溪湖中学这一创新举措被《中国教育报》以《这个工作室的主人才上初一》为题进行头版报道，新华网、中新网、《长沙晚报》、湖南教育网以及今日头条等众多新闻媒体相继进行报道。文加质同学也当选为2016年度湖南教育十大新闻人物。

回顾文加质的成长经历，堪称"另类"。冬天，扎营在黑龙江原始森林里蹲守普通鵟；夏天，在法国埃菲尔铁塔下拍小嘴乌鸦的身影……她去过好几个国家的湿地、湖畔，拍下了十万多张鸟类素材照片，观察并记录下了三百多种鸟类……

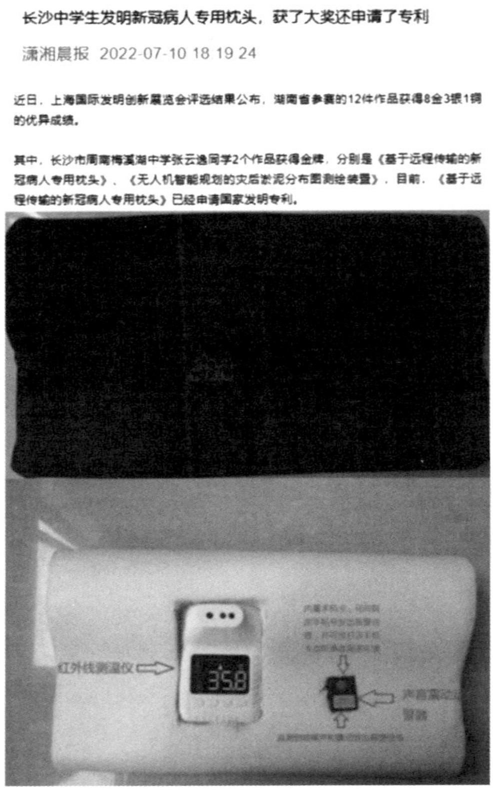

长沙中学生发明新冠病人专用枕头，获了大奖还申请了专利

潇湘晨报 2022-07-10 18 19 24

近日，上海国际发明创新展览会评选结果公布，湖南省参赛的12件作品获得8金3银1铜的优异成绩。

其中，长沙市周南梅溪湖中学张云逸同学2个作品获得金牌，分别是《基于远程传输的新冠病人专用枕头》、《无人机智能规划的灾后淤泥分布图测绘装置》。目前，《基于远程传输的新冠病人专用枕头》已经申请国家发明专利。

图 3-39　潇湘晨报报道

2015 年，11 岁的文加质在参观长沙规划展示馆时，发现展示馆对长沙野生鸟类的介绍有多处存在“问题”。回家后，她查阅资料，咨询鸟类专家，最终确认有 6 处介绍错误。“当时展示馆展出的一张图片说明为‘白鹤’，实际上是白鹭；棕腹大仙鹟则标成了‘八色鸫科’；‘海南虎斑’应该是海南虎斑鳽……。”文加质就此给当时的长沙市市长写了一封信，希望规划馆能够更正。

当时，11 岁的文加质大胆给规划展示馆挑错并写信给市长的事件，引起了媒体的关注。湖南师范大学动物学教授、鸟类专家邓学建在看过文加质的信后，对她的质疑表示了肯定。随后，长沙规划展示馆根据专家意见，对错误资料图片进行了更改。

“研究和保护鸟类并不会影响我的学习，反而提高了我的学习效率。”文加质希望自己以后能当一名生物科学家。从“观鸟达人”到“护鸟达人”，观鸟的行动让文加质获得了和很多同龄人不一样的快乐，也让她亲眼见到了一些人对鸟儿的杀戮，从而更加深了她对于环境和自然保护重要性的认识。

目前，文加质观鸟护鸟工作室已经组织了大量观鸟活动，记录了大量生动真实的数据，也吸引了越来越多的同学参与(图 3-40)。文加质说："我喜欢鸟，我希望自己和鸟儿的故事可以一直讲下去!"

图 3-40　文加质观鸟护鸟工作室

2. 温馨科技创新工作室

温馨，周南梅溪湖中学学生，现就读于中国人民大学。高中三年，温馨同学获得了 28 项(国际级 2 项、国家级 5 项、省级 9 项、市级 12 项)大大小小的科技创新奖(图 3-41)，是学校树立的科技创新典范，在科技创新方面具有独特的兴趣和爱好，被授予"长沙市优秀青少年科技创新人才"称号。

为提高学生综合创新能力，勉励全体学生勤于思考，善于观察，激发科技创新热情，2017 年 5 月，学校批准成立周南梅溪湖中学温馨科技创新工作室，作为学校名学生工作室引领学校科技创新活动，带领全校同学开展科技创新活动。

温馨作为第一作者的历经 10 多次修改的"大型水泥构件表面缺陷的检测与标示装置"获青少年科技创新大赛湖南省、长沙市一等奖。她个人申请了 9 项国家专利，其中 1 项为发明专利，并有"一种多功能 LED 照明灯""一种超声波风速风向测量装置"等 4 项获得授权。另外，她的"蒸馏实验的个性化装

图 3-41　温馨斩获国内外科技创新荣誉(左 3 为温馨)

置”专利获 2017 年首届中国(上海)国际发明创新展览会金奖；“智能超声波风力风速测量仪”获得 2016 年第 9 届中国国际发明展览会国际铜奖。

她还带领全班同学经过 3 个多月的认真调查研究，写出《以梅铸魂 同心筑梦——长沙市周南梅溪湖中学“梅文化”建设情况的调查与思考》调查报告，并获得 2016 年创新大赛省、市一等奖。

温馨科技创新工作室集结了一批热爱发明的学生，他们开展科学实验、生物科技种植、野外科学考察、校园内“梅文化”调查研究、科技发明、专利申请等一系列科技创新活动，同时，该工作室也走出了温馨、黄可迪、杨周凡、刘之洋、谭浩夫等一批优秀的科技创新人才。

3. 易佳星科技创新工作室

温馨同学进入大学以后，学校积极培育新的科技创新名学生，力图接起温馨同学的科技创新工作室这一面旗帜。易佳星同学在科技创新道路上走了 2 年多时间，截至 2019 年 11 月已申请了 4 项国家专利，其中 2 项已经授权，有 1 项发明专利；获得国际金奖 7 个国际金奖、2 个国际银铜奖、5 个国家级奖、8 个省级奖励，发表科技创新作品 2 篇，媒体报道 15 次，包括学习强国、中新网、人民网、今日头条、湖南卫视、湖南经视、湖南教育电视台等各级各类媒体。

为了让学校科技创新突破新的发展，为了使易佳星同学能够更好地成长，为了使学校出现更多的科技创新优秀学生，在全校掀起“为学校增光，争做名学生”的热潮，学校在文加质观鸟护鸟工作室、温馨科技创新工作室成立以后，批准成立易佳星科技创新工作室，归口学校创客工作室管理、指导(图 3-42)，聘请学校热心该活动的老师组成团队指导，并聘请校外知名专家为校外辅导员进行指导。

图 3-42 易佳星科技创新工作室成立

易佳星科技创新工作室的团队成员和辅导老师由易佳星同学选定，学校审核。工作室在辅导老师的精心辅导下定期和不定期地开展各项活动，团队成员共同研讨，取得的优异成绩让工作室的所有成员受益，使学校的科技创新工作更加声名远播。

4. 张云逸科技创新工作室

名学生工作室是周南梅溪湖中学的德育品牌，科技创新是学校的特色教育亮点。

文加质、温馨、易佳星等同学相继进入大学，学校科技创新优秀学生层出不穷，其中以高二年级 G2107 班的张云逸同学最为突出。为了进一步推进学校科技创新工作，也为使张云逸同学能够更好地成长，推动学校出现更多的科技创新优秀学生，2023 年 4 月 26 日，学校决定批准成立张云逸科技创新工作室(图 3-43)，归口学校创客工作室管理、指导，聘请学校优秀老师组成团队指导，并聘请校外知名专家为校外辅导员。

张云逸同学在 2 年多时间里，获得了 7 个国际金奖和 7 个国家、省、市级奖励，申请了 4 项国家专利，其中有 2 项发明专利，2 项已经授权。学习强国、中新网、湖南卫视、湖南教育电视台等各类媒体报道 15 次，在“学习新思想 做好接班人”2022 年湖南中小学生主题教育活动成果展暨颁奖典礼上作为嘉宾隆重出场。

图 3-43　张云逸科技创新工作室成立授牌

六、制度

(一)周南梅溪湖中学名学生工作室管理制度

第一章　总则

第一条　本规章制度是为规范周南梅溪湖中学名学生工作室的活动，保证学生成员的权益，提高工作室活动的质量和水平而制定。

第二条　周南梅溪湖中学名学生工作室是指由一群对科学和技术感兴趣、具有创新意识和实践能力的中学生组成的工作室组织。

第三条　周南梅溪湖中学名学生工作室活动的宗旨是发展科学思维和创新能力，培养成员的科学精神和科学素养，推动科技创新的发展。

第四条　工作室必须遵守国家法律法规、学校及工作室的规章制度，遵守社会公德，积极参与社会主义核心价值观教育。

第五条　周南梅溪湖中学名学生工作室成员应具备以下条件：热爱科学和技术，具有一定的科学知识基础和实践经验，积极向上、乐于助人、勤奋学习。

第二章　组织

第八条　周南梅溪湖中学名学生工作室设立名学生、小组组长、指导教师等职务，其他职务根据需要设立。

第八条　指导教师负责对工作室活动进行指导，组织并参与工作室成员的技能培训和学术交流。

第九条　工作室成员要发挥主人翁意识，积极参与工作室的管理和发展，共同维护工作室的秩序和团结。

第三章　活动

第十条　工作室的活动包括项目研究、科技比赛、学术交流等。

第十一条　工作室活动要定期进行，并按照事先制订的计划进行组织。

第十二条　工作室成员要以项目研究为主要活动内容，鼓励成员之间合作交流和相互学习。

第十三条　工作室成员要积极参与科技比赛和学术交流，使用所学知识和技能，展示工作室成果和个人才能。

工作室成员要遵守活动纪律，服从指导教师的指导和管理，不得违反有关法规和学校规章制度。

第四章　资源

第十五条　工作室通过申请学校和工作室联合会的资助来获取必要的经费。

第十六条　工作室成员要自觉关注和学习科技创新的动态，积极争取科研项目的资助和支持。

第十七条　工作室成员应妥善保管和使用工作室的设备、图书和资料，严禁私自带离学校，并做好日常维护工作。

第十八条　工作室成员应合理安排和利用工作室的资源，提高资源利用效率，并定期向学校和工作室联合会进行资源报告。

第五章　权益

第十九条　工作室成员享有平等的权利，包括言论自由、参与决策、公平评价、公开展示成果等。

第二十条　受到不公正对待或遭受不利后果的工作室成员可以向指导教师和工作室名学生反映，有权要求解决问题。

第二十一条　工作室成员有责任维护工作室的声誉和利益，不得损害工作室和他人的权益。

第六章　处罚

第二十二条　工作室成员如违反规章制度，将视情况轻重，按照程序予以批评教育、警告、处罚或开除等。

第二十三条　对于严重违反学校规章制度、国家法律和社会公德的行为，可以依法追究相应的法律责任。

第七章　附则

第二十四条　对于本规章制度不能解决的问题，可根据需要进行补充和完善。

第二十五条　本规章制度自发布之日起生效。

(二)周南梅溪湖中学名学生工作室考评制度

1. 制度建设(10分)

(1)成员管理：管理制度完善；具有申请表、花名册；相关资料进行归档。

(2)活动管理：健全的活动组织管理制度；每项活动都有活动策划书、活动过程记录及活动总结等相关材料；所有活动相关资料都进行归档管理。

2. 组织运行(10分)

(1)会议及培训：每学期召开工作会议；每学期对小组骨干进行培训。

(2)计划及总结：有长期发展计划、年度计划；有年度工作和活动总结。

3. 工作室规模(10分)

(1)成员人数：年内注册成员人数为10人(每多10人加1分，最高5分)。

(2)指导老师：指导老师参与指导的人数及次数(每多1人，超过1次加1分，最高5分)。

4. 活动情况(15分)

(1)活动参与及组织：学期举行参加的校内活动或共同举办的活动次数≥2。

(2)每次活动的参与人数比例>50%(每多10%加1分，最高5分)。

5. 实践效果(45分)

(1)成员满意度>75%(每多5%加1分，最高5分)。

(2)校内同学知晓率>50%(每多10%加1分，最高5分)。

(3)工作室成员及其作品在校级以上各类媒体有正面宣传报道(每次加1分，最高5分)。

(4)年度内社团工作得到校、区及以上表彰(每次加1分，最高5分)。

(5)代表学校参加国际、国家、省、市级科技创新类竞赛或活动取得优异成绩(前六名或一等奖，每次加1分，最高5分)。

(6)在区域范围内有一定影响力(最高5分)。

6. 特色加分(10分)

科技创新活动形式、运作模式、科技创新人才培养等方面的特色。

(1)评估说明。

评估指标各项内容均反映所在年份的情况。

(2)有关支撑材料说明。

①制度建设：提供各类管理文件等相关材料。

②组织运行：提供会议、培训记录等相关材料。

③社团规模：提供会员花名册、指导老师名册等相关材料。

④活动情况：提供开展各类活动(会议、竞赛、考察、交流等)的相关材料。

⑤实践效果：提供媒体宣传或获奖证明等相关材料。

⑥特色加分：提供相关材料。

(三)周南梅溪湖中学名学生工作室活动组织制度

第一章　指导思想

为了活跃校园文化，全面推进素质教育，倡导科学思想和科学精神，培养学生的创新精神和动手动脑能力，在校园形成学科学、爱科学、用科学的良好氛围，同时为学生提供展示个性的平台，培养学生自主探究科学的兴趣和能力，让学生体验科学的魅力，全面提高学生的科学素养，现特成立名学生工作室，以点带面，促进学校科技创新工作的开展。

第二章　活动目标

通过社团活动，大力宣传科技创新的辉煌成果，帮助学生进一步树立“科技是第一生产力”的观念，激励学生崇尚科学、热爱科学，让学生掌握科学知识，激发科学创新精神，为参加市、区科技创新大赛储备人才和奠定基础。

第三章　具体工作安排

第一阶段：紧密结合教材的科普活动。

组织学生按照课本的内容进行科普尝试，提高学生的科学技能，使学生掌握必要的根基理论知识。

第二阶段：科技制作(趣味制作)。

通过制作和展现各类发明、作品，培养学生的识图能力和各类工具的使用技巧，提高动手能力。

第三阶段：项目实践——发明(创新设计制作)。

自己设计并附写创意说明书，培养学生的创新思维和意识，帮助学生实现可行性高的一些创造。

每年具体活动安排如下。

9 月：配合基础教育课程改革的新形势，倡导新的教学理念，旨在培养学生的实践与创新的能力。

10 月：围绕“科技创新”，组织参加全国青少年科技创新大赛、湖南省青少年科技创新大赛等比赛项目，在学校培训和选拔参赛学生。

11 月：开展“生活中的科技”研讨活动。

12 月：将上学期科技活动课程中比较好的学生作品，以展览的形式向学校汇报活动成果。

1 月：开展专题讲座，使学生掌握必要的基础理论知识。

2 月：结合学校巧手节主题开展具体活动。

3 月：项目实践(科技制作)，参加各级科技创新发明比赛，在学校学科文化节进行成果展示。

4 月：参加科技创新大赛，面向生活，使学生能应用知识解决生活中的一些实际问题。

5 月：项目实践(创新设计制作)，培养学生的创新思维和意识，帮助学生实现可行性高的一些创造。

6 月：总结、评比、表彰。

七、工作亮点

造就拔尖创新人才，是教育应担负起的责任。长期以来，学校一直以创客工作室为载体，借助名学生工作室全面推进科技创新工作，培养学生的科学素养，提高学生的创新能力，在科技创新教育这一块取得了可喜的成绩，打造出了学校的特色品牌，在时间递进、内容建构、组织成熟上彰显了名学生工作的亮点特色和众多优势。

（一）时间递进

从2016年5月，全国首个以学生名字命名的中学工作室——文加质观鸟护鸟工作室的成立，到2017年5月，学校批准成立温馨科技创新工作室，再到2019年11月，学校批准成立易佳星科技创新工作室，以及2023年4月张云逸科技创新工作室的成立，4个名学生工作室在时间上有着递进的紧密联系。他们对创新有着极高的热情，对周南梅溪湖中学有着深厚的情感，从一名工作室的成员到独当一面的“大师姐”“大师兄”，在科创实践领域进行长期的探索与实践，创新理念得以接续传承，科技创新的能力不断提升。

（二）内容建构

通过成立名学生工作室开展的科技创新教育具有主体性、实践性、开放性、学科融合等特点与优势。学校强调名学生自主参与的能动性和主体性，鼓励学生独立思考、自主学习和探究，培养学生自我管理、自我调节和自我发展的能力；重视学生的理论与实际结合的实践，通过实践来提升学生对理论的深入理解和综合应用；鼓励学生具有问题意识、开放思维，敢于冒险和探究新事物，主动学习和适应不同的文化、环境和思想；强调跨学科融合，鼓励学生不只是学习单一学科的理论，要注重学科之间的融合、理论体系的建构，以此促进学生的跨学科思维和创新能力培养，从而促进学生综合素养的提升。

（三）组织成熟

从无到有，从有到优。一个名学生工作室的成立经历了4个时期，分别是初期建设时期、逐步形成时期、不断完善时期和基本自主管理时期。从文加质观鸟护鸟工作室、温馨科技创新工作室、易佳星科技创新工作室到张云逸科技创新工作室，在一线专家、骨干教师的精心指导与培养下，一群志趣相投的学生共同提问、思考、实验探究、反复验证……名学生工作室将初期建设目标转化为具体方法并逐步实施，进而完善过程并促进目标的实现，形成一个良性循环。名学生工作室的建设模式、组织架构在不断完善中逐渐成熟，形成可复制、可移植、可操作的宝贵经验。

八、主要荣誉与媒体报道

（一）主要荣誉（省级及以上）

2016 年 4 月，学校成立了文加质观鸟护鸟工作室，是湖南省第一所挂牌成立名学生工作室的学校。

2017 年 3 月，学校荣获“全国青少年科学调查体验推广示范学校”称号。

2017 年 5 月，学校成为首批湖南省中小学知识产权教育试点学校。

2017 年 4 月，学校荣获第 38 届湖南省青少年科技创新大赛“十佳学校”称号。

2017 年 8 月，学校荣获 2016 年度“湖南省防震减灾科普教育示范学校”称号。

2017 年 11 月，学校荣获“全国中小学知识产权教育试点学校”称号。

2017 年 11 月，学校荣获“湖南省中小学科技创新教育基地”称号。

2018 年 7 月，第六届中国澳门国际创新发明展在中国澳门科学馆举行，学校获得优秀组织奖，2 项青少年发明作品获得一金、一银两个奖项。

2018 年 9 月，学校在第十届国际发明展览会暨第三届世界发明创新论坛中夺得 2 项金奖、1 项银奖，还获得专项奖“中国宝武青少年发明奖”。

2018 年 12 月，湖南省教育厅公布 2018 年全省中小学德育工作优秀案例名单，周南梅溪湖中学《创设“名学生工作室”，书写有温度的生命传奇》荣誉上榜。

2019 年 10 月，学校学生制作的“可拆分式 GPS 消防应急灯”和“电力塔架驱鸟装置”2 件发明专利作品均获得第七届中国澳门国际创新发明展金奖。

2020 年 8 月，学校获湖南省机器人科技教育学会“机器人与人工智能科技创新后备人才培养示范学校”称号；

2020 年 9 月，学校获“2020 年全国青少年科学调查体验活动实施学校”称号；

2021 年 4 月，学校入选“小平科技创新实验室”建设项目国家级认定授牌类建设学校；

2022 年，第五届中国(上海)国际发明创新展览会上，学校张云逸同学的 2 个作品“基于远程传输的新冠病人专用枕头”(指导老师：秦有才、肖荷花)，“无人机智能规划的灾后淤泥分布图测绘装置”(指导老师：肖荷花、秦有才、刘任池)获得金牌。同年，“基于远程传输的新冠病人专用枕头”已经申请国家发明专利。

2023 年 7 月，学校获第二十届全国中学生水科技发明比赛湖南赛区优秀组织单位奖。

2023 年 8 月，学校荣获全国青少年劳动技能与智能设计大赛(湖南赛区)优秀组织单位奖。

(二) 相关媒体报道(部分)

相关媒体报道请扫描二维码。

相关媒体报道

经过 10 年的探索运作，关于中学科技创新模式，还有待进一步深入研究，如进一步建立科学合理的评估机制，定期对工作室的运作情况进行评估和反馈，不断优化工作室的建设，扩大名学生工作室的辐射面和影响力等。

第四章　周南梅溪湖中学科技创新活动体系的构建

第一节　活动系统解读

一、按照组织单位级别划分

科技创新活动按照组织单位级别划分可分为校级以上单位组织活动、校级组织活动和社团组织活动，如图 4-1 所示。

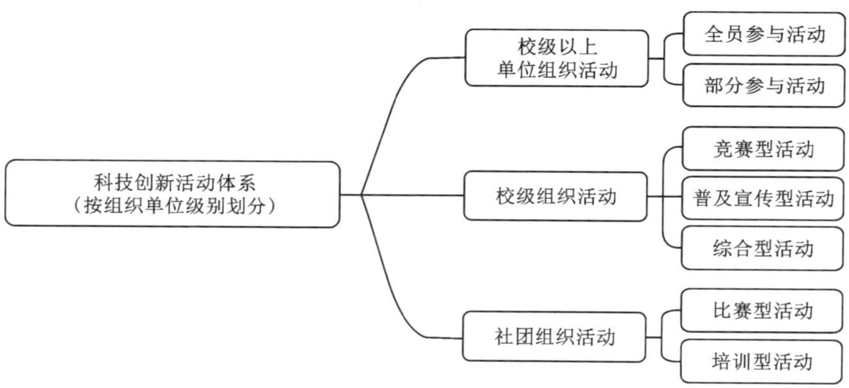

图 4-1　科技创新活动体系（按照组织单位级别划分）

校级以上单位组织活动按参与人员的广泛性可分为全员参与活动和部分参与活动。全员参与的科技创新活动，如知识产权日活动，科技文化节，师生共贺的盛大节日。部分参与的科技创新活动，比如市级、省级、国家级科技创新大赛，推荐校级科技创新大赛中的一等奖获得者参加市级科技创新大赛。部分参与活动是参与面小的活动与比赛，比如中国澳门国际创新发明展览会、上海国际发明创新展览会、宋庆龄少年儿童发明展等。

校级组织活动有竞赛型活动、普及宣传型活动、综合型活动。

校级组织活动有初赛和复赛，一般是两轮比赛，参赛队伍较多时，会安排决赛。校级组织活动参与人员广，体验感强，展示、展演人员多。而上级单位组织的科技创新竞赛活动，一般是由校级评选上去的队伍参加，参与面较窄，学校表现不均衡。

参赛队伍经过校级的选拔后，推荐至上一级单位组织的科技创新大赛，推荐优秀的作品和队伍参加。

社团组织活动可分为比赛型活动和培训型活动。比赛型活动有未来太空车项目比赛、制作古代挖斗大赛等。

二、按照培养目的划分

科技创新活动按照培养目的的不同可分为素养培养型活动、宣传普及型活动，竞赛型活动和综合型活动，如图 4-2 所示。

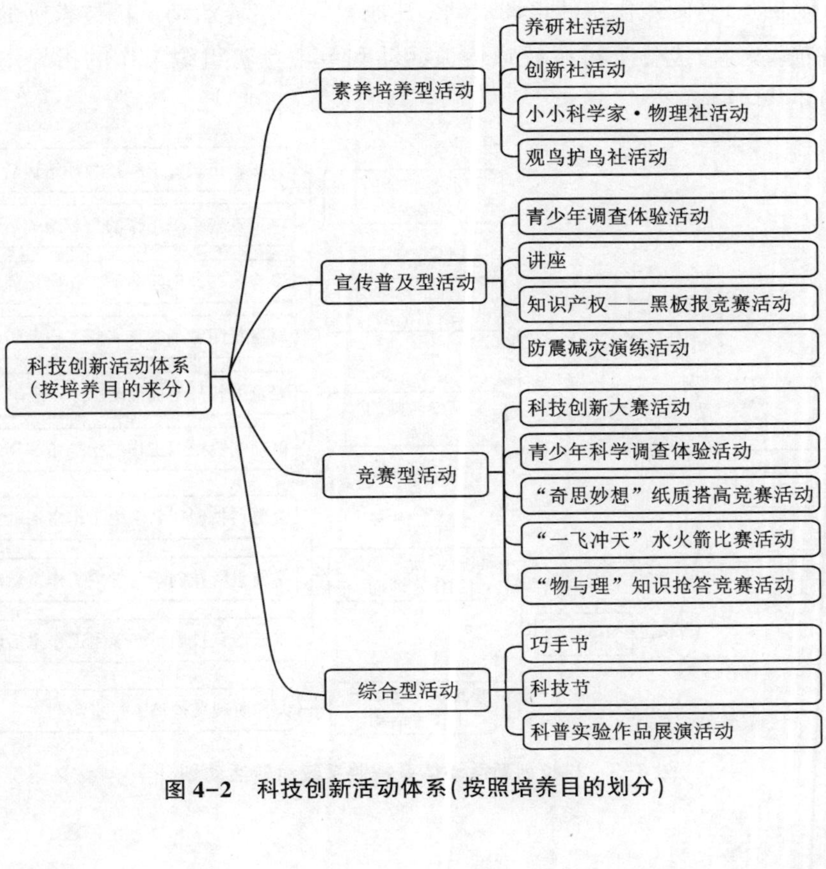

图 4-2　科技创新活动体系（按照培养目的划分）

素养培养型活动一般是面向固定团体的，有养研社、创新社、小小科学家·物理社的社团活动、观鸟护鸟社活动等。每周一次，为对科创感兴趣的学生做定向培养。

宣传普及型活动有青少年调查体验活动、讲座、知识产权——黑板报竞赛活动、防震减灾演练活动。

竞赛型活动有科技创新大赛活动、青少年科学调查体验活动、“奇思妙想”纸质搭高竞赛活动、“一飞冲天”水火箭比赛活动、“物与理”知识抢答竞赛活动。

综合型活动既有培训又有素养提升活动，还有竞赛型活动，如巧手节、科技节、科普实验作品展演活动。

三、按照系统运转活动划分

科技创新系统运转活动可分为教师活动和学生活动。教师活动有科技教师的培养活动、名师工作室的培训活动、其他教师的培养活动。科技教师的培养活动有省级、市级骨干科技教师培训活动和单项竞赛组织工作的指导培训活动，如图 4-3 所示。

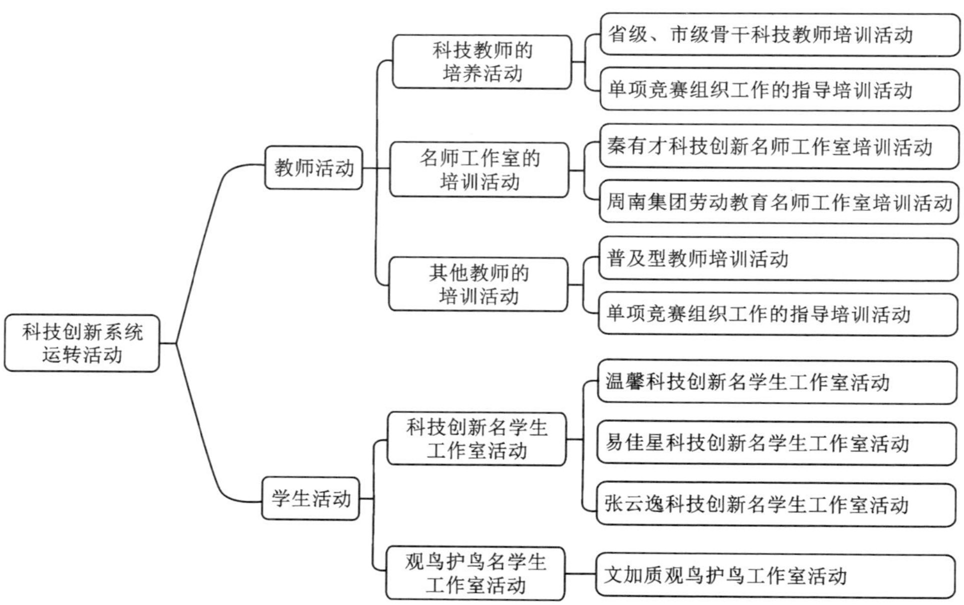

图 4-3　科技创新活动体系按照系统运转活动划分

名师工作室的培训活动有秦有才科技创新名师工作室活动、周南集团劳动教育名师工作室培训活动，旨在提升教师的科技活动能力。其他教师的培养活动有普及型教师培训活动和单项竞赛组织工作的指导培训活动。学生活动有科技创新名学生工作室活动、观鸟护鸟名学生工作室活动。

第二节　活动流程

活动流程如图 4-4 所示。

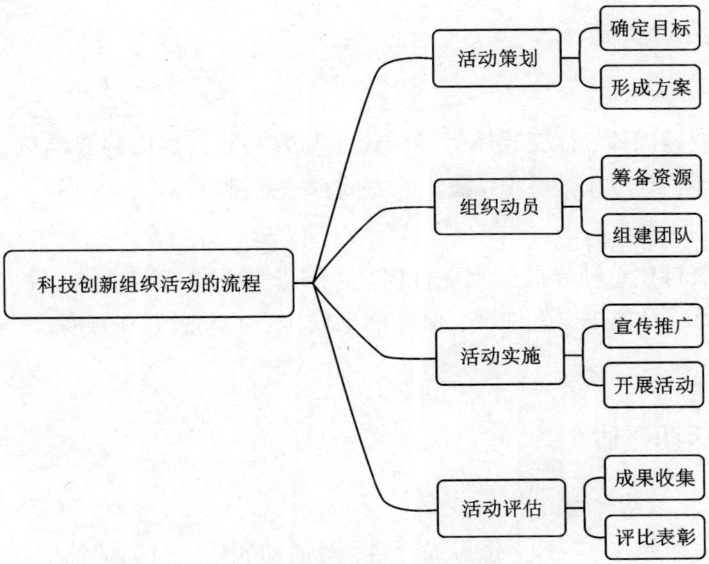

图 4-4　科技创新组织活动的流程

一、活动策划

(1) 确定目标：明确活动宗旨、预期效果及参与对象，构思活动主题、形式及流程。

(2) 形成方案：向师生征集活动建议，集思广益；邀请科创专家秦有才正高级教师对活动方案进行评审，确保专业性，活动目标清晰、可行，确保专业性；充分考虑师生需求，提高参与度。

二、组织动员

(1)筹备资源。

场地安排和物资准备；预订活动场地，确保设备齐全；购置所需物资，保障活动顺利进行；提前预排时间，确保资源充足。

(2)组建团队。

明确分工：根据活动需求分配工作任务；召集工作人员开会，对成员进行专业培训，提高执行力；选拔有责任心、有能力的团队成员。

三、活动实施

(1)宣传推广。

利用校园媒体、社交媒体等多渠道进行宣传；宣传内容要准确、生动，吸引师生关注；通过悬挂海报、横幅等方式营造活动氛围。

(2)开展活动。

由校级科技总辅导员按流程管理，严格按照活动流程执行，确保活动顺利进行；及时应对现场突发情况，保障活动安全；活动过程中要保持与师生的良好沟通。

四、活动评估

(1)成果收集。

整理活动照片、视频、报告等资料；对活动成果进行归纳整理。

(2)评比表彰。

对获奖学生进行表彰、嘉奖。

对活动效果进行评估，总结经验教训；向领导、参与师生征求意见和建议，为后续活动提供参考；及时反馈评估结果，推动活动持续改进。

例如：学校组织的科技创新大赛活动，从 2015 年开始每年一次。下面简要介绍 2024 年的校级科技创新活动。

第九届周南梅溪湖中学“科技之光　创造未来”科技创新活动

一、活动目的

通过举办科技创新大赛，不仅可以激发创新意识、培养创新思维，还能大大提升学生的动手实践能力，点燃学生的科技梦想。

二、活动主题

科技之光　创造未来

三、活动对象

初中二年级全体学生

四、活动时间

第五周(2024 年 3 月 1 日—3 月 20 日)

五、活动内容与要求

(一)活动内容

科技发明小制作，提供创意说明和实物。

(二)科技发明小制作要求

1. 创新性：设计应具有创新性和独特性，能够引起人们的兴趣和注意。

2. 功能性：设计应满足产品的功能要求，并提供良好的用户体验。

3. 可持续性：设计应考虑材料的可持续性、环境友好性，并尽量减少对环境的负面影响。

4. 安全性：设计应符合安全标准，避免潜在的危险或伤害。

六、活动流程

1. 宣传：宣传科技发明小制作活动，动员全员参与。

2. 制作：学生初步制作作品，提交给各班物理老师进行初审，学生根据修改意见进一步完善作品。

3. 打磨：学生和老师不断打磨作品，每班至少上交 1 件作品，包含创意说明和实物(贴好标签)，于 3 月 20 日前交给莫洪全老师。

4. 评比：现场展示和讲解，由学校组织评委进行打分，评分标准见附件。

七、奖项设置

组织科技教师、专家评出一、二、三等奖。其中，一等奖 3 名；二等奖

4 名；三等奖 6 名。

八、其他

1. 作品必须原创，不得抄袭，一经发现，取消比赛资格。

2. 活动负责人：肖荷花老师、莫洪全老师。

3. 校园科技创新大赛作品将在学校 4 月科技节上展演。

表 4-1 为“科技之光　创造未来”科技创新活动获奖名单。

表 4-1　“科技之光　创造未来”科技创新活动获奖名单

名次	获奖者	性别	班级
一等奖	周贤瑞	男	2022 级 7 班
	范柄鑫	男	2022 级 11 班
	侯博煊	男	2022 级 12 班
	聂心彤	女	2022 级 8 班
二等奖	朱依萱	女	2022 级 13 班
	马晗笑	女	2022 级 4 班
	唐子勤	男	2022 级 6 班
	李欣悦	女	2022 级 4 班
三等奖	周睿	女	2022 级 13 班
	王文帛	男	2022 级 11 班
	曹润梓	男	2022 级 3 班
	彭子欣	女	2022 级 6 班

获奖名单出来后，面向全校进行表彰。

学校每年 3 月举行的巧手节活动，是以科创和劳动为主的学生动手动脑的节日。下面简要介绍 2023 年周南梅溪湖中学第二届巧手节活动。

蕴匠心　创未来
——2023年周南梅溪湖中学第二届巧手节活动之水火箭“一飞冲天”科技创新大赛

一、活动背景

学校以习近平新时代中国特色社会主义思想为指导，全面贯彻党的教育方针，落实全国教育大会精神，坚持立德树人，实践育人，坚持培育和践行社会主义核心价值观，把劳动教育、科创教育纳入人才培养全过程，与学校课程文化相融合，紧密结合经济社会发展变化和学生生活实际，积极探索具有特色的劳动教育、科创教育模式，培养勤俭奋斗奉献的劳动精神，增强科技自立自强的志气、骨气、底气，决定开展“蕴匠心 创未来”——2023年周南梅溪湖中学第二届巧手节活动之水火箭“一飞冲天”科技创新大赛。

水火箭制作原理与真实火箭相同，它利用了反冲作用力推动火箭发射。水火箭制作简单，操作易行，利用废弃汽水瓶等材料，实现了节能减排的科学环保理念。通过科技创新大赛，不仅可以激发学生的创新意识、培养创新思维，还能大大提升学生的动手实践能力，点燃学生的科技梦想，并培养学生解决问题的能力，以及互助合作、互助竞争的团队精神。

二、活动主题

科技创新、变废为宝，学以致用、培养能力。

三、活动目的和意义

(1)设计一个性能良好的水火箭需要用到数学、物理等许多知识，而完成这一制作任务需要相当的技巧和较强的动手能力。通过参与本次活动，学生能够加深对知识的理解，培养动手能力。

(2)通过举办本次活动，学生体验航天工作者的攻坚精神，不怕困难和挑战，不断研究与探索科学的奥秘。

(3)激发学生创新精神，培养学生动手能力。

(4)宣扬“科技创新、变废为宝，学以致用、培养能力”的理念。

四、主办单位

长沙市周南梅溪湖中学、周南梅溪湖中学高二年级组。

五、参与人员

周南梅溪湖中学物理组成员。

六、活动对象

周南梅溪湖中学高二学生。

七、活动时间、地点

2023 年 3 月 17 日(周五)第八节、九节课，周南梅溪湖中学田径场。

八、活动流程

1. 活动宣传

(1)各班物理课代表负责设计宣传单、报名表，宣传单要求简易介绍水火箭的制作方法、活动规则、作品要求。

(2)晚自习时间动员同学们报名，现场散发宣传单并展示水火箭模型。

(3)宣传单、报名表和水火箭模型制作必须在 5 月 21 日之前完成。

2. 报名工作

(1)参赛。参赛者可以是个人、团体，鼓励以小组形式参赛。

(2)时间。2023 年 5 月 13 日晚上向各班下发报名表，16 日晚自习前收回，统计报名人数。

(3)活动准备。由各班物理课代表负责打印水火箭的制作方法介绍并及时分发到参赛人员手中。

由参赛人员自行购买制作水火箭的必要材料，如气塞、气门芯等。

比赛用具准备(年级组准备)：打气筒 2 个，测量尺一盘，水桶若干个，椅子、桌子等。

(4)现场比赛。

工作人员提前半小时到场进行赛场布置。

各参赛队伍于 2023 年 5 月 22 日晚在办公室进行提前抽签，决定水火箭发射顺序。参赛进行分组发射，1、2、3 班，4、5、6 班，7、8、直升班，分为三组进行比赛。

每组发射前由主持人通报参赛队伍名称，参赛队伍将水火箭安放于发射台，主持人下发射指令，参赛队伍开始打气直至火箭发射。

由现场工作人员对每组参赛队伍的发射距离进行测量并记录，测量距离为发射台到火箭第一次落地点。

每组参赛队伍均有两次发射机会，第一次发射测量完成后拿走自己的作品，在现场等候下一次发射。

所有参赛队伍发射完毕后，由评委对本次活动进行点评，工作人员统计各参赛队伍的成绩并进行公布，主持人宣布比赛获奖队伍，现场颁发证书和奖品。

九、作品要求

(1)比赛只限用容量为1500 mL以下的可乐瓶，由学生自行设计制作；水火箭制作所需材料、工具自备；水火箭应在比赛前制作完成，带到发射场地。

(2)水火箭的结构不限，但只能是单级推进火箭。

(3)不允许使用金属材料进行制作。

(4)参加比赛的水火箭只能利用水、气作为动力，不允许利用化学反应如火药爆炸作为动力。

(5)为确保安全，学生自备护目眼罩、头盔等安全保护装置，瓶内气压不可过高。如果在打气过程中瓶子因不能承受压力而爆裂破损，将取消比赛资格。

十、评分标准

(1)本次水火箭比赛采用定点发射的方式，在有效范围内测量射程。

(2)发射过程中，箭体应保持完整，如在空中出现部件分离、解体，则该轮成绩为零。

(3)正式比赛时每人只有2次发射机会，取最远距离计算成绩。

十一、奖项设置

本次比赛设一、二、三等奖若干名。

十二、注意事项

(1)各班物理课代表需督促选手按时按量完成作品制作，避免活动拖延。

(2)2023年5月19日—5月20日制作水火箭。利用周末手工制作水火箭，鼓励有创新性的设计，在箭体上标好班级和制作者姓名，周一带到学校。

(3)活动期间安排工作人员维持赛场秩序，确保发射区前方无人走动，时刻提醒同学们注意安全。

(4)活动期间各部门相互配合，相互合作。

(5)以上安排可视具体情况灵活变动。

下为高二年级水火箭比赛试飞成绩登记表(表 4-2)。

表 4-2　高二年级水火箭比赛试飞成绩登记表

班级	编号	水火箭名称	最好试飞成绩/m	名次
G2101	1	一班一号	88	4
G2101	2	一班二号	34	16
G2101	3	一班三号	84	5
G2101	4	孙孙历险记	66.4	8
G2102	5	飞天一号	0	22
G2102	6	天升一号	43.5	15
G2103	7	神威无敌大凡松号	104	2
G2103	8	凡松号	89	3
G2103	9	乘风破浪号	58	11
G2104	10	天霆号	19.6	19
G2104	11	飞星	0	22
G2105	12	超级无敌火箭	68.8	7
G2106	13	楚良号	66	9
G2107	14	神威无敌大坝号	106	1
G2107	15	牛牛火箭	0	22
G2108	16	神州八号	54	12
G2109	17	乌贼	0	22
G2109	18	WG	0	22
G2110	19	最完美火箭	46	14
G2110	20	米琪巴巴号	7.2	21
G2111	21	神州十一	60	10
G2111	22	水火箭十一	16	20
G2113	23	森林冰火人	25.2	18
G2113	24	不慎坠机	28	17
G2114	25	予卿 1 号	65.2	6
G2114	26	予卿 2 号	52	13
G2106	27	006 号	66	9

学校组织的科技创新活动，除了竞赛类活动，还有普及宣传型活动。比如邀请专家来校讲座。邀请的专家可以是国家院士、大学教授、企业总工程师、科创名师等，来校讲述科学技术的发展、某一专业领域的高新科技、科普实验室介绍等，激发学生的创新热情，为科技创新系列活动赋能。还比如，开展物理趣味活动和物理科普讲座。物理趣味活动的形式可以是社会调查、参观访问、资料查询、研究性实验和科技制作等，这些活动是学生将所学知识应用于实践的机会。教师在指导学生开展活动时，要注意培养学生的创新精神和实践能力，使学生加深对科学技术和社会的认识，发展对科学技术的兴趣和爱好，扩大知识面。开展物理科普讲座，为学生提供与物理相关的新科技发展资料，使学生了解物理学科的发展前沿和物理知识与未来社会发展的关系，激发学生学习物理知识的兴趣。比如，学校邀请了湖南大学信息与工程学院袁小芳教授为同学们带来“人工智能与机器人”的主题讲座。

下面简要介绍周南梅溪湖中学高一学生参观湖南大学实验室的活动。

感受科技的力量　周南梅溪湖学子走进实验室

2023 年 6 月 13 日，为面向社会公众营造“热爱科学、崇尚科学”的积极氛围，充分展示实验室的科研成果和技术水平，扩大化学及相关学科的影响力，特组织周南梅溪湖中学师生代表 50 余人来到湖南大学化学生物传感与计量学国家重点实验室进行实验室开放日活动。

重点实验室副主任周一歌教授代表实验室热烈欢迎同学们的到来，为同学们介绍了实验室的基本情况、发展历史、研究成果和仪器平台等。在趣味实验演示环节，同学们被分为若干个小组，在支部研究生党员的带领下轮流观看了共聚焦细胞成像、电泳实验、石墨烯合成实验等演示。同学们认真聆听讲解，仔细观察实验室成员的操作手法，近距离感受了科学技术的力量。本次活动被湖南红网时刻新闻进行了专题报道，截至目前，浏览量超过 9 万，吸引了社会大众的关注。未来会根据需求组织更多普通公众走入实验室，不断丰富活动内容，激发人们的科学兴趣，提升公民的科学素养和创新精神。

以下是学生进行科技创新活动时的分阶段工作范例。

非法电鱼智能识别报警装置研究记录

第一阶段：确立课题。

日期：2022 年 9 月 5 日

内容：确立课题，提出制作非法电鱼报警装置的设想，并与老师沟通，确认课题。

2022 年 8 月上旬，作为环保志愿者，王贞烨同学参加了浏阳河水质检测社会实践活动(图 4-5、图 4-6)。在检测时，王贞烨同学发现有部分水段生物沉淀水底，腐烂变质，影响水质健康。经问询，是电鱼器电死的没有被捞走的原生物体腐化而致。8 月 17 日，王贞烨同学在长沙市洋湖湿地骑行时，在岳麓区湘江支流靳江河段，看到一名电鱼人背着电瓶，穿着绝缘衣、绝缘裤，正在河边电鱼，看到电鱼者所走过的地方，小鱼儿迅速从水中被电起，肚皮向上，浮在水上(图 4-7)。想到 2020 年以来颁布的新一轮禁渔令，该电鱼人在禁渔区内、在禁渔期内使用禁用工具，用禁用方法捕捞，实为不妥，王贞烨同学立马上前规劝，电鱼人停止电鱼行为，但对鱼儿的伤害已不可逆转。

8 月下旬，王贞烨同学下乡走亲戚，了解到在湘江长沙市望城区一段禁渔水域，有人使用自制的电鱼装置非法电鱼(图 4-8)，同时听说长沙市望城区千龙湖(格塘乡)附近有大面积水域，大多户村民修有水塘，储水养殖，水塘内非法电鱼的情况时有发生。非法捕鱼涉及人鱼安全、水质水体保护等社会公共利益，和养殖户家庭经济利益、群体利益。新学期开学，王贞烨同学与老师沟通，有设计制作非法电鱼报警装置的设想，得到了肯定，老师鼓励他翻阅《通用技术》课本、物理教材，从中寻找灵感，确认课题。

图 4-5　2022 年 8 月上旬，对浏阳河进行水质检测 1

图 4-6　2022 年 8 月上旬，对浏阳河进行水质检测 2

图 4-7　2022 年 8 月 17 日，在长沙市岳麓区湘江支流靳江河上，偶遇电鱼者

图 4-8　湘江长沙市望城区一段禁渔水域，有人使用自制的电鱼装置非法电鱼

结果：暑假社会实践让王贞烨同学有了设计非法电鱼报警设备的设想，与老师商议后，认可该创新项目的可行性，并进行下一步研究。

第二阶段：查阅资料、走访

日期：2022 年 9 月 6 日—9 月 22 日。

内容：文献查询与学习。

1. 学习关于禁止非法电鱼相关文件、法规。

王贞烨同学查阅政府网站公开信息，学习 2020 年以来，农业农村部、湖南省人大常委会、湖南省人民政府、长沙市人民政府发布的新一轮禁渔令。

电鱼在任何一个自然水域都是绝对禁止的，电鱼在非法捕捞中是常见的、破坏性极强的捕捞方式，鱼蚌蛙蟹、微生物概莫能外。对电鱼者可以实施警告、没收全部设备、拘留等处罚，可以举报到全国渔政执法平台，举报地点(设置经纬度)。非法电鱼的行为侵害社会公共利益，有可能被环保公益组织提出环保公益诉讼，电鱼人应承担渔业资源损害赔偿费，用于渔业资源的增殖放流，从省定放流单位中购买良种鱼苗投放至指定天然水域。

2. 查阅知网论文《当前打击电鱼违法行为的分析与思考》《河长制视角下的长江流域电鱼防治探究》等论文，了解电鱼的危害，长江流域内电鱼现状，有关部门当前执法方式、法律法规以及当前执法困境。

3. 了解电鱼常用设备结构和参数情况(表 4-3)。

表 4–3　主要电鱼设备结构和参数情况

类型	组成	电流类型	电压/V	功率/W
发电机组	发电机	交流电	220 或 380	200～1000
直流逆变器	电瓶、逆变器	脉冲交流电	100～3000	30～1000

4. 查阅文章《保护鱼类生态——电鱼智能报警器》。

该文章的电鱼智能报警器是通过检测水中电压值的变化来判断是否有电鱼行为，并通过灯光和语音进行警告，及通过物联网进行“报警”(图 4–9)。此装置只是在实验室用低电压模拟电鱼，用 Arduino 主控及扩展板检测电压的变化，实现声光报警及用物联网模块实现远程报警。

结果：针对电鱼电场会随距离而衰减的物理现象，该报警器能否满足于灵敏度的要求？需要寻找可以覆盖更大范围、高灵敏度的检测方法。

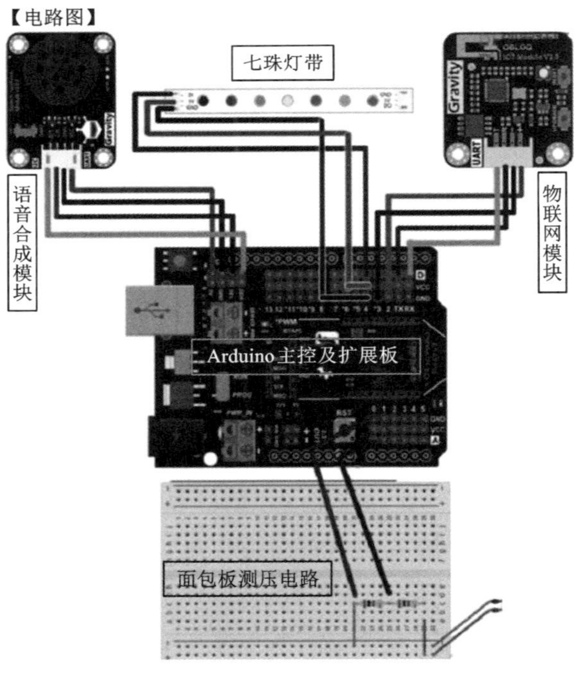

图 4–9　保护鱼类生态——电鱼智能报警器

5. 查阅《渔业致富指南》期刊。官章全撰写的《对非法电捕鱼的调查与思考》文章，提出打击非法捕捞已成为社会关注的焦点，要彻底杜绝电捕鱼行为，必须健全管理机制，建议从加强宣传、控制源头、群防群治、建立监管网络和提高违法成本等方面彻底杜绝渔业非法捕捞行为。

洪家春发表的论文《电力捕鱼的危害及解决方法》，从非法电鱼的危害及产生原因进行分析，再从加强宣传、源头控制、建立监管网络等方面提出制止电鱼现象发生的应对措施。

两篇文章都提到要健全管理机制，建议从加强宣传、源头控制、群防群治、建立监管网络和提高违法成本等方面彻底杜绝渔业非法捕捞行为。

6. 查阅《星沙时报》，发现2021年12月24日李松发表《"神奇的眼睛"让非法捕鱼无处遁形》一文。该文提到，为加大对非法捕捞的打击力度，长沙县着力构建信息化、标准化、规范化的渔政执法监管体系，依托雷达、热成像、AI智能识别等新一代信息技术，以违法捕捞重点区域信息为基础，以各监控点水域高清摄像头系统为手段，建设从智能预警、过程监控，到统一调度、执法取证的全流程一体化管理平台，实现渔政智能监控与执法巡检统一管理，为渔政提升业务水平和工作效率提供了技术支持。

第三阶段：确认创新点

日期：2022年9月中旬—10月中旬。

内容：学习物理知识、元器件知识，寻找灵感，确认创新点。

翻阅《通用技术》、物理课本，网购热销书《电子元器件从零基础到实战》，从中寻找灵感。

1. 了解验电笔的工作原理：验电笔前端为金属探头，用来与所检测设备进行接触；后端也是金属物，可能是金属挂钩，也可能是金属片，用来与人体接触；中间的绝缘管内是能发光的氖灯、电阻以及压力弹簧。无论验电笔的类型如何、结构怎样，它们的工作原理都是一样的。

2. 了解光敏电阻的工作原理：光敏电阻又称光导管，常用的制作材料为硫化镉，另外还有硒、硫化铝、硫化铅和硫化铋等材料。这些制作材料具有在特定波长的光的照射下，其阻值迅速减小的特性。这是由于光照产生的载流子都参与导电，在外加电场的作用下进行漂移运动，电子奔向电源的正极，空穴奔向电源的负极，从而使光敏电阻器的阻值迅速下降。

3. 发光二极管发光的必要条件：正极与负极之间加上合适的电压降，一般在2 V左右；工作电流为0~20 mA。一般在用到发光二极管的电路中，要考虑工作电源是否符合发光二极管的工作要求，串接一个合适的电阻再接到电源上。发光二极管可能通过的电流可估算：$I=5\ \mathrm{V}/1\ \mathrm{k}\Omega=5\ \mathrm{mA}$，符合发光二极管的工作电流范围，发光二极管能正常工作。

4. 确认创新点：确认通过微电流检测制作非法电鱼报警器，并选择试电笔中的氖泡作为报警装置的创新点，运用氖泡仅需 0.01～0.15 mA 的微电流就能发光的原理，尝试研究简易微电流检测电路(图 4-10)，与光电转换电路，并与声光报警线路连接。

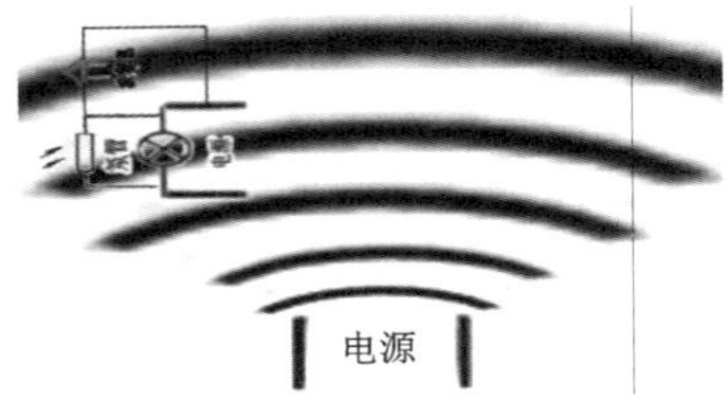

图 4-10　第一版电路图

结果：理论性成立，可行性成立，开始准备初步作品制作与实验。

第四阶段：初步完成装置(图 4-11 至图 4-14)

时间：2022 年 10 月 15 日—12 月 20 日。

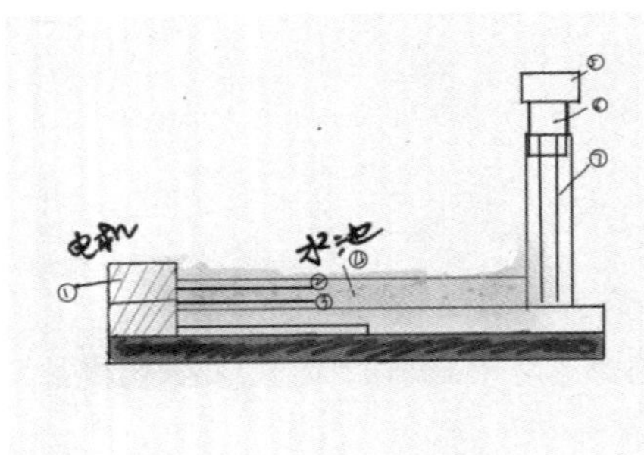

图 4-11　设计平面初稿

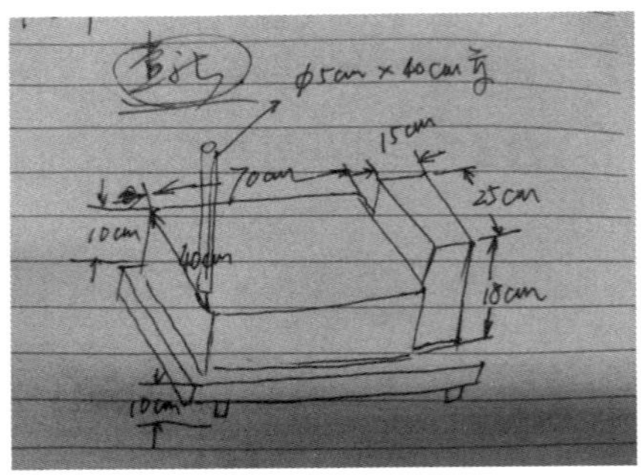

图 4-12　设计制作初稿

图 4-13　制作电路板

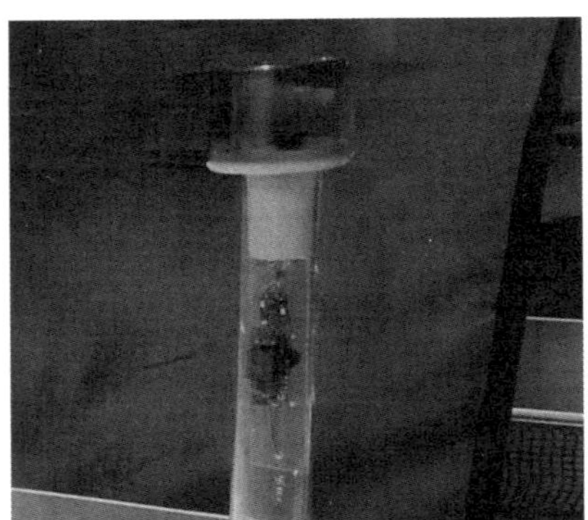

图 4-14　制作电鱼智能报警器

内容：

1. 模拟电鱼装置底座、水槽的设计与制作(制作请五金社保设备店制作)。

2. 元器件采购(表 4-4、表 4-5)。

思考电路板装置需要什么，从元器件材料的造型、模块功能、性能比较选择实物。

采购氖泡、光敏电阻、LM393 宽电压比较器、光耦继电器，声光报警器制作非法电鱼报警装置，并进行改进，在声光报警端连接太阳能板和蓄电池，为声光报警电路提供电源。

表 4-4　2022 年 12 月第一次报警装置电路板材料清单

序号	名称	规格参数	数量	批量购买 净价/元	图例
1	验电笔	氖泡发光	1	5	
2	蜂鸣器	有源 5 V	1	3	
3	电池	3.7 V 锂电池	1	5	
4	光敏电阻 继电器模块	5 V	1	8	
5	发光二极管	3 mm 红色	2	0.5	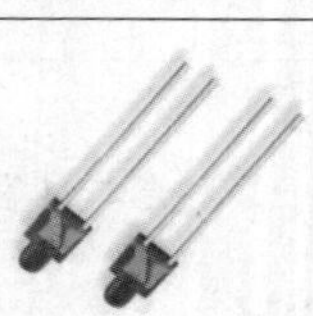
合计				21.5	

表 4-5　2023 年 2 月第二次报警装置电路板材料清单

序号	名称	规格参数	数量	批量购买净价/元	图例
1	远程通信模块	GPRS 或 4G	1	10	
2	人体红外传感器	TTL 电平	1	4	
3	电池	3.7 V 锂电池	1	5	
4	喇叭	8 Ω, 0.5 W	1	3	
5	单片机	STC8G1K	1	2	
6	降压模块	AMS1117	1	1	
7	验电笔	氖泡发光	1	5	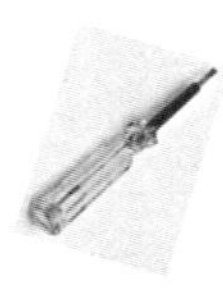
8	光敏传感器模块	数字量输出	1	3	
9	发光二极管	3 mm 红色	2	0.5	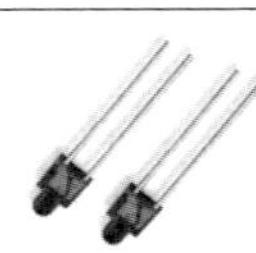
合计				34	

3. 电路板制作

在老师的指导下完成焊接(图 4-15、图 4-16)。

图 4-15　完成焊接(一)

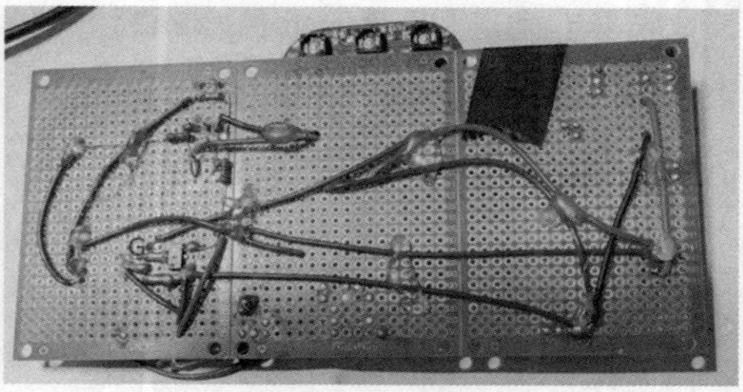

图 4-16　完成焊接(二)

第五阶段：完成初步装置、实验并第一次改进

日期：2022 年 12 月底。

内容：2022 年 12 月底，在长沙市贺龙体育馆的直道泳池，在打开电鱼模拟设备后，每隔 5 m 依次将灵敏电流计、普通试电笔、电子试电笔插入水中进行试验，结果如表 4-6 所示。实验证明了理论的可行性，由此开始进行下一步的确认以及设计。

表 4-6　实验结果

电鱼模拟设备参数	电鱼模拟设备与报警装置距离/m	电流检测工具及表现		
		灵敏电流计	普通试电笔	电子试电笔
输出 220 V 两电极距离为 1 m	5	无电流	发光	发光
	10	—	—	发光
	15	—	—	发光
	20	—	—	发光
	25	—	—	发光
	30	—	—	发光
	35	—	—	发光
	40	—	—	发光
	45	—	—	发光
	50	—	—	发光

第六阶段：初步完成研究论文、查新报告，并送至大学图书馆查新

日期：2022 年 12 月中旬—2023 年 1 月中旬。

内容：完成《基于微电流检测的非法电鱼报警装置》研究论文与查新报告，委托中南大学图书馆查新。

结果：完成，进一步改进。

第七阶段：改进报警装置、进行野外实验

日期：2023 年 2 月。

内容：

1. 通过网络搜索，发现与氖泡检测微电流发光相同的原理且更加灵敏的电路板，将氖泡与电路板进行替换，制作出二次微电流检测电路（图 4-17）。

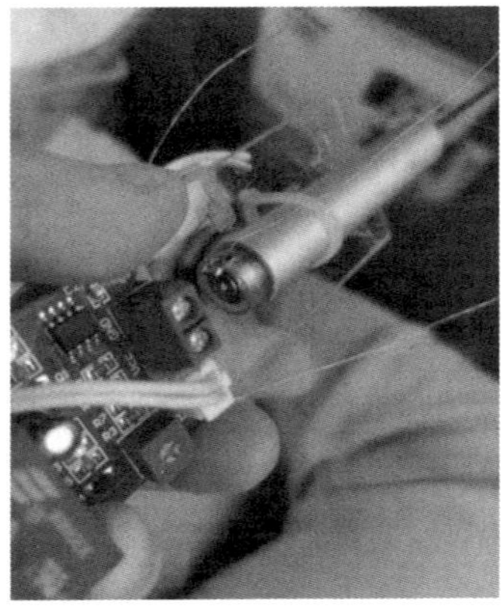

图 4-17　将氖泡与电路板进行替换，制作出二次微电流检测电路

2. 2023 年 3 月，在长沙市望城区乡村的某处水塘进行同电鱼装置不同距离的实验（实验结果见表 4-7）。实验结果与在自来水中进行实验的结果相似。

表 4-7　实验结果

实验数据	
电鱼模拟设备与报警装置距离/m	报警情况
5	声光报警
10	声光报警
15	声光报警
20	声光报警
25	声光报警
30	声光报警
35	声光报警
40	声光报警
45	声光报警
50	声光报警

结果：制作灵敏度更高的非法电鱼报警装置，并进行野外实验，将其结果与室内实验结果进行对比，得出该电鱼报警装置在野外仍然能实现高灵敏度的检测和报警。

第八阶段：进一步完善论文，进行材料与装置的整理汇总

日期：2023 年 1 月底到第 40 届长沙市青少年科技创新大赛。

内容：修改论文，进行收尾工作。

结果：完成研究报告。

第九阶段：再次进行改进，加入人体红外智能识别感应以及远程通信报警，实现智能识别

日期：2023 年 2 月—3 月。

内容：

1. 在市赛结束后，发现仅用电子试电笔检测微电流会发生误报警现象。受到评委以及其他参赛选手的启发，并在与老师讨论后，决定加装人体红外感应模块以及远程通信报警来智能识别非法电鱼活动。

2. 在产生想法后，通过网络检索以及进一步对电子元件知识的学习，为了实现智能识别，在增加了人体红外感应模块后又增加了 STC8G1K 单片机，对两条检测电路进行整理和识别(图 4-18)。

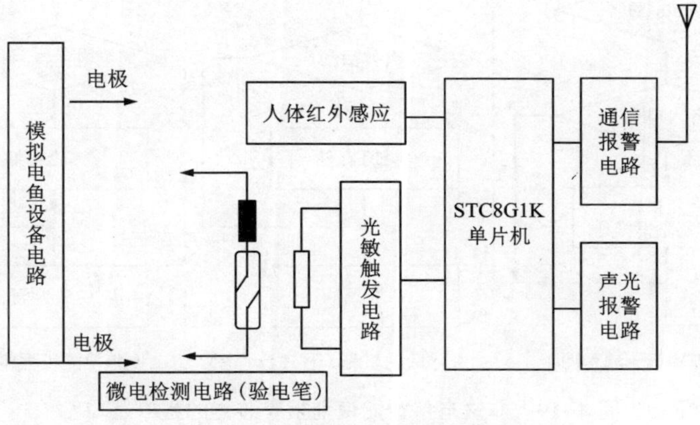

图 4-18　对两条检测电路进行整理和识别

3. 调试单片机，寻找远程报警不灵敏原因，增加降压模块 AMS1117 为单片机稳压。

在单片机调试过程中，发现远程通信报警模块运行不稳定，并通过修改程序进行排查，但无论如何修改，远程通信报警模块始终不能稳定运行，且经过对电路的各组成部分排查，没有发现问题。向指导老师汇报后，指导老师指出问题是否出在电池电压上。经检测，电路中电池为 3.7 V 锂电池，充满电后电池电压为 4.2 V，5 V 单片机工作在欠压状态，工作失常。指导老师指导张云逸同学到网上搜索，确定以下解决方案：单片机工作电压为 5 V，换成 3 V 的单片机再实验。3 V 单片机需在 3 V 电压下工作，所以选用了 AMS1117 降压模块，即 3 V 稳压器，将锂电池 3.7~4.2 V 的电压稳定在 3 V，供 3 V 单片机使用，更新了电路板，并再次进行实验，非法电鱼智能识别报警装置可以稳定运行并进行报警。

第十阶段：进一步学习编程知识并进行编程

内容：学习用 C++语言编写简单的 Dev 程序；学习基础的 Dev 程序格式、C++语言中一些基本规则以及符号（如 &&, <, >等）；学习了 if 循环、while 循环等；简单设计了非法电鱼智能识别报警装置的程序逻辑（图 4-19）。

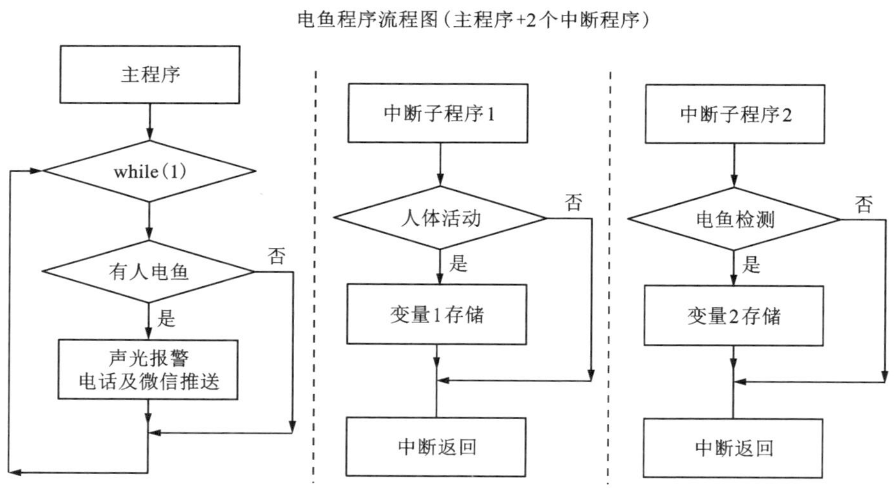

图 4-19　非法电鱼智能识别报警装置的程序逻辑

学习单片机编程，在老师的帮助下进行 Keil uVision5 的格式、规范以及主程序的调试（图 4-20）。

```
    while (1)
    {
        if((cedian>=1 && baojing>=1 && miao1<5 && miao2<5))
                { flag=0;cedian=0;baojing=0;
                    P10=0;Delay500ms();
                    P10=1;P30=1;flag1=1;miao3=0;Delay500ms();
Delay500ms();P10=0;P31=1;
        }
                if(miao3>=10 && flag1==1){P30=0;P31=1;flag1=0;TR0=0;}
                if(miao>56)
                {
                    PCON = 0x02;                              //MCU进入掉电模式
                    _nop_();              //掉电模式被唤醒后,MCU首先会执行此语句
      //然后再进入中断服务程序
        _nop_();
                }
```

图 4-20　Keil uVision5 的格式、规范以及主程序的调试

第十一阶段：委托制作印刷电路板

日期：2023 年 5 月。

内容：委托制作第三次印刷电路板(图 4-21)。

图 4-21　2023 年 5 月委托制作第三次印刷电路板

第五章 周南梅溪湖中学科技创新课程体系的构建

第一节 科技创新总体系

科技创新课程不仅是提高学生综合素质和竞争力的关键手段，也是国家应对全球化竞争、推动经济社会发展的战略选择。

周南梅溪湖中学在多年的科技创新教育实践中，通过不断优化迭代，形成了以“牢抓学科课程，丰富创新实践”为主线，基础学科课程与创新实践课程相辅相成、互为基础和支撑的科技创新课程体系。学校形成的科技创新课程总体系如图 5-1 所示。

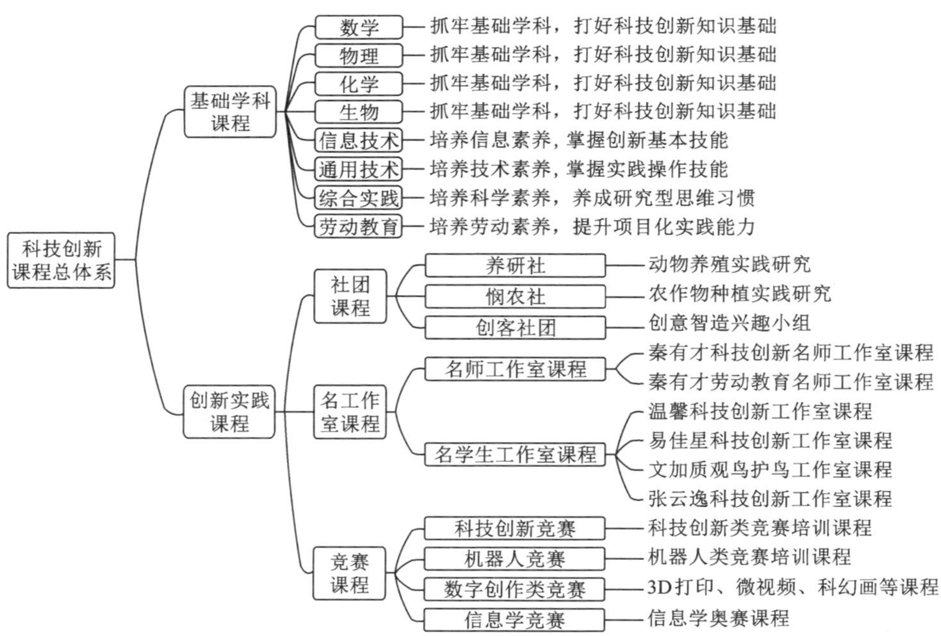

图 5-1 科技创新课程总体系

“基础学科课程”是指与科技创新相关的基础学科课程，包括数学、物理、化学、生物、信息技术、通用技术、综合实践、劳动教育，它们为科技创新提供了必要的理论基础和知识框架，是科技创新的基石。这些学科通过严谨的教学，帮助学生掌握基本概念、定律、定理和方法，培养学生的逻辑思维能力和抽象思维能力，而这些都是进行科技创新的前提条件。同时，在学科课程中创新教学方法，营造开放、互动的学习环境，鼓励学生运用学科知识去发现问题、解决问题，也能激发学生的主动性和创造性思维，从而形成一种可持续的创新能力。

“创新实践课程”是指科技创新实践课程，包括社团课程、名工作室课程和竞赛课程。在基础学科课程的基础上，这些课程更注重实践操作能力、设计思维和创新解决方案能力的培养。

社团课程和名工作室课程指向创新能力综合应用，一般采用项目式学习、案例分析、跨学科融合等方式，鼓励学生运用所学基础理论知识去解决现实世界中的问题，进行产品设计、技术研发或新的科研探索。社团和名学生工作室组织形式略有差异，社团主要是由学生根据自身兴趣和需求自发成立的，学校为其提供活动场地、配备指导老师；名学生工作室由学校支持成立，以优秀学生为核心，围绕特定领域有针对性地开展比较长期的系统课程。但两者都是根据实际条件和学生的兴趣特点来灵活调整，旨在通过项目驱动、导师指导的方式，培养学生的创新意识、创新思维、实践能力和专业素养。

周南梅溪湖中学的名师工作室在特级教师、正高级教师秦有才的带领下，集合了一批有志躬耕科技创新教育、劳动教育的教师，通过共同研究、合作交流、实践探索等方式，形成了提升整体教育教学水平和创新能力的教学模式。科技创新名师工作室和劳动教育名师工作室看似指向不同的专业领域，但两个工作室密切相关。劳动教育是科技创新的基础土壤，它为科技创新提供了实践基础和原始动力。学生通过劳动实践了解技术原理，积累实践经验，这是孕育科技创新种子的重要过程。同时，科技创新也为劳动教育注入新的活力，使得劳动教育的形式更加丰富多样，内容更具时代感。例如，运用人工智能、3D 打印等高新科技手段改造传统的劳动教育课程，让学生在掌握新技术的同时，也能创新性地解决现实中的劳动问题。

竞赛课程指向科技创新高阶实践，含科技创新竞赛、机器人竞赛、数字创作类竞赛等课程，是基于学科知识而延伸出的应用实践，相较于社团课程，学生的作品有更高的完成度。此类课程由各类竞赛教练设计了有针对性的课程体系。

第二节 创新能力培养课程体系

周南梅溪湖中学的创新能力培养课程体系主要包括调查研究课程、科学实验课程、发明创造课程三大类。三类课程相互渗透、相互促进，在整体上形成了一个科学、完备的创新能力培养体系。

(一)调查研究课程

1.课程概述

调查研究课程，以项目式学习的形式开展，着重培养学生的问题意识、批判性思维和实证研究能力，确保学生能够在实践中真正掌握调查研究的方法和技巧，提升自主学习和创新能力。同时，课程注重跨学科融合和生活实践，帮助学生在“做中学”，全面发展。

2.课程内容(表5-1)

表5-1 调查研究课程内容

一、项目启动与基础知识培训
1.引论 ● 介绍调查研究课程的理念和价值，明确调查研究项目的实施流程。 2.项目选题与团队组建 ● 引导学生根据个人兴趣和社区需求选定研究主题。 ● 组织学生建立项目团队，明确团队角色分工。 3.调查研究基础理论 ● 讲解调查研究的基本步骤和方法，如定性和定量研究、实验设计等。
二、设计与实施阶段
4.研究方案设计 ● 引导学生根据研究问题确定研究目标，设计研究假设，选择合适的研究方法，编制调查问卷或访谈提纲等。 5.数据收集实践 ● 通过实地调查、网络调查、实验操作等活动，组织学生亲身参与数据收集过程，遵守伦理原则，保证数据的有效性和可靠性。 6.数据分析入门 ● 使用统计软件(如SPSS、Excel等)进行基本的数据整理和分析，讲解描述性统计、推断统计等基本分析方法。

续表5-1

三、研究报告撰写与展示阶段
7. 研究报告撰写 ● 讲解研究报告的结构组成(摘要、引言、方法、结果、讨论、结论等)，掌握学术报告写作规范，学会用科学的语言表述研究成果。 8. 成果展示与答辩技巧 ● 组织学生进行研究项目的汇报展示，锻炼口头表达能力，学习如何针对听众提问进行应答和辩护。 9. 反思与评价 ● 回顾整个研究过程，总结经验教训，培养自我评价和改进的能力。

(二)科学实验课程

1. 课程概述

周南梅溪湖中学的科学实验课程覆盖物理、化学、生物等多个学科领域，以培养学生的动手能力、观察能力、分析能力和创新思维为核心。学生在真实的实验环境中亲手操作，亲历科学探究的全过程，从而在实践中提升科学实验技能，养成良好的科研习惯，培养科学思维和创新精神。

2. 课程内容(表5-2)

表5-2　科学实验课程内容

一、课程导入与实验安全教育
1. 科学实验导论 ● 阐释科学实验在科技创新中的重要性，介绍科学实验课程的目标和学习模式。 2. 实验室安全教育 ● 讲解实验室规章制度，演示和培训常见的实验室安全操作，包括个人防护、化学品使用、仪器操作等。
二、实验设计与项目策划阶段
3. 寻找研究方向 ● 启发学生从日常生活中发现问题，将其转化为科学问题，进而确定实验主题。 4. 实验方案设计 ● 指导学生学习实验设计的基本要素，如实验目的、假设、变量控制、实验步骤等，要求每个小组完成实验设计方案。

续表5-2

三、实验操作与数据收集阶段
5. 实验操作技能培训 • 按照各小组的实验设计方案，逐一教授所需实验技能，包括试剂配制、仪器操作、样品处理等。 6. 数据记录与观测 • 在教师指导下，学生亲自进行实验操作，实时记录实验数据，绘制实验图表，进行初步的数据分析。
四、实验结果分析与讨论阶段
7. 数据处理与分析 • 学习使用统计软件对实验数据进行处理和分析，验证实验假设，得出初步结论。 8. 结果讨论与问题解答 • 针对实验结果，引导学生进行深入探讨，解释可能的原因，解答实验过程中遇到的问题。
五、实验报告撰写与展示阶段
9. 实验报告撰写 • 教授学生如何撰写标准的实验报告，包括实验目的、原理、方法、结果、分析讨论和结论等部分。 10. 成果展示与交流 • 组织学生以 PPT、小视频、海报等形式展示研究成果。 • 在展示与交流的过程中锻炼表达与沟通能力。
六、项目评估与反馈改进阶段
11. 项目评估 • 采用多元化评价体系对学生的实验技能、问题解决能力、团队合作表现等方面进行综合评估。 12. 反馈与改进 • 引导学生反思实验过程，总结经验和教训，针对不足之处提出改进措施，以便在未来实验项目中持续优化。

(三)发明创造课程

1. 课程概述

周南梅溪湖中学的发明创造课程旨在激发学生的创新意识，培养实践操作技能和批判性思维。通过一系列课程的学习，学生不仅能锻炼创新思维，还能掌握一定的工程技术基础知识，从而具备初步的发明创造能力，为未来更深入地探索科学世界奠定坚实基础。

2. 课程内容(表 5-3)

表 5-3　发明创造课程内容

一、创新思维启蒙
1. 认识发明与创新 ● 介绍古今中外重要发明家的故事与成果。 ● 解析发明创造的基本概念与创新的重要性。 2. 创新方法与创意开发 ● 学习 TRIZ(发明问题解决理论)等创新方法论，掌握如何从日常生活中发现问题、挖掘创新点。 ● 组织头脑风暴活动，训练发散性思维。
二、设计思维与原型制作
3. 需求识别与用户研究 ● 学习如何识别并定义真实的社会需求或个人需求。 ● 进行用户调研，了解用户痛点和期望。 4. 草图设计与概念构建 ● 学习绘制产品草图和流程图，表达设计理念。 ● 学习编写设计方案书，明确功能、性能和技术参数。 5. 模型制作与迭代优化 ● 使用纸模、3D 打印、木工、电子元件等材料与技术制作初步原型。 ● 根据测试反馈进行原型改进，体验产品开发的迭代过程。
三、工程技术基础
6. 基础电子与编程技术 ● 学习基础电子知识，如电路连接、传感器应用。 ● 通过 Scratch、Arduino 等平台学习编程，实现简单的控制逻辑。 7. 材料科学与加工工艺 ● 讲解常见工程材料的特性和选择原则。 ● 学习简单的手工加工技巧，如焊接、切割、组装等。

续表5-3

四、实践环节
8. 小型发明项目实践 • 分组完成一个小型发明项目，如节能装置、便捷生活用品、智能化设备等。 • 通过项目管理的方式推进研发进程，包括计划制订、任务分配、进度跟踪等。 9. 专利申请与知识产权教育 • 讲解知识产权基础知识，特别是专利制度。 • 模拟撰写专利申请文件，理解发明成果保护的重要性。 10. 展示与评价 • 学生展示自己的发明作品，阐述创新思路、制作过程和预期效果。 • 通过专家点评、同伴互评等形式，促进相互学习和改进。
五、课外拓展与竞赛参与
11. 参观科技企业与研发中心 • 安排实地考察，让学生了解科技创新的实际应用场景。 12. 参加发明创新比赛 • 鼓励学生参加各类青少年科技创新大赛，提升实战能力。

第三节　科技创新典型案例

（一）基础学科课程·劳动教育

“留住维生素”前置课程设计

周南梅溪湖中学　吴万紫

一、主题背景

营养均衡是健康的根本，食物是营养的来源。饮食者通过加强学习，可以减少由饮食不当带来的疾病，减少食物的浪费，提升健康水平和生活质量。维生素是人体为维持正常的生理功能而必需的一类微量有机物质，一般需要从食物中获得。根据《2010—2012 年中国居民营养素摄入状况》，大部分国人缺乏多种维生素。随着生活水平的提高，近几年中国的果蔬摄入量已居世界前列。我们知道果蔬中富含多种维生素，但 2019 年的调查显示，国人缺乏维生素 A

和维生素D的情况依然普遍存在。在日常饮食中，孩子不爱食用蔬菜和水果已成为普遍现象。另外，不合适的烹饪方法会导致食物中维生素大量流失。本前置课程以维生素C为例，和同学们一起探究如何获取维生素、如何留住食物中的维生素。

二、活动准备

1. 相关知识收集

(1)人体必需的维生素有哪些。

(2)如何补充维生素。

(3)什么原因导致食物中的维生素流失。

(4)如何留住维生素，并给出烹饪建议。

(5)测定维生素含量的实验方法。

2. 材料及工具准备

(1)自主探究材料准备。

导学案、平板电脑。

(2)实验材料准备。

①食材准备(实验用番茄)。

②实验药品(表5–4、表5–5)。

a. 维生素C检测试纸。

b. 维生素含量测定化学实验所需药品。

水溶性：维生素C 2,6-二氯靛酚滴定法。

表5–4　2,6-二氯靛酚滴定法测维生素C含量所需药品

序号	名称	需求量	备注
1	偏磷酸醋酸	300 g	
2	标准2,6-二氯靛酚溶液	20 L	若没有溶液，换固体2,6-二氯靛酚8 g
3	磷酸二氢钾(KH_2PO_4)	100 g	若有磷酸缓冲液，换成溶液6 L；若没有溶液，按左边固体量配
4	磷酸氢二钠(Na_2HPO_4)	100 g	
5	醋酸	500 mL	

脂溶性：维生素 A 二氯化锑比色法。

表 5-5 二氯化锑比色法测维生素 A 含量所需药品

序号	名称	需求量	备注
1	乙酸酐	20 mL	
2	氯仿	500 mL	
3	250 g/L 二氯化锑-氯仿溶液	200 mL	
4	乙醚	实验室具备	
5	无水乙醇		
6	无水硫酸钠		
7	50% 氢氧化钾		
8	0.5 mol/L 氢氧化钾溶液		
9	酚酞指示剂		

三、目标设计

1. 价值认知

在探索有关维生素健康知识的过程中，引导学生培养健康的饮食习惯。

在探究不同烹饪方法下食物中维生素浓度差异的实验过程中，引导学生塑造求真务实的科学态度和勇于探索的科学精神。

在了解果蔬生长环境、进行果蔬种植和采摘的过程中，引导学生认识到劳动的价值，懂得珍惜劳动成果。

2. 责任担当

通过探索“留住维生素”等健康科学知识，引导学生关注社会问题，积极参与解决问题的过程，运用所学知识服务社会。

3. 问题解决

本次课程是探究型课程，在探究过程中，引导学生综合运用知识分析问题、设计方案、反思优化、解决问题、形成成果。

4. 成果应用

将研究成果以开展健康讲座、制作食物维生素清单、提烹饪建议、制作维生素饺子等多种形式进行传播和应用。

四、知识链接(表 5-6)

1. 与维生素相关的科学饮食知识(以维生素 C 为例)

(1)什么原因导致食物中的维生素流失。

(2)如何留住维生素，并给出烹饪建议。

表 5-6　知识链接

教学环节	主题内容	具体项目
1. 情境导入，引出主题	提出问题：维生素去哪里了？	今天你们吃蔬菜或水果了吗？吃了什么？看来我们班大部分同学都有(还没有)健康的饮食习惯；国家卫生健康部门一直在号召我们天天吃果蔬，那你们知道我们吃果蔬是为了补充什么吗？维生素！我们每天都吃果蔬，你们觉得我们缺维生素吗？你们看 2010—2012 年的调查，调查发现大部分国人缺乏多种维生素。随着生活水平的提高，2019 年的调查显示，缺维生素 A 和维生素 D 的情况依然普遍存在。其实近几年中国人的果蔬摄入量已居世界前列，那为什么我们还缺维生素？维生素去哪里了呢？
2. 案例启发，分析问题	什么原因导致食物中的维生素流失？	环节 1：西蓝花采用不同方式烹饪，哪种方式更健康？播放 BBC 纪录片片段，引出不合适的烹饪方法会导致维生素 C 流失的知识点。 环节 2：根据丁香医生微信公众号的“囤菜小妙招”，分析维生素 C 流失的其他原因。 环节 3：总结易导致维生素 C 流失的因素——水、热、氧、光、碱，说说生活中你知道的富含维生素 C 的食物，并提醒家人在做菜过程中要尽量避免以上因素
3. 实验探究，解决问题	对比实验：番茄在不同的烹饪方法下，哪种方法的维生素 C 含量高？	生与熟，先切后洗与先洗后切； 根据导学案的思路，小组讨论出实验方案，并实施实验； 分享实验结果，分析结果产生的原因； 根据所学知识，推断其他不同处理方式下食材中的维生素含量

续表5-6

教学环节	主题内容	具体项目
4. 思考沉淀，巩固运用	针对清洗、存储、烹饪等不同环节给出处理建议	对于富含维生素C的食物，请同学们针对清洗、存储、烹饪等不同环节给出处理建议
5. 自主探索，拓展提升	人体所需的13种维生素，针对它们的不同特性，给出有针对性的烹饪建议	找出人体所需的13种维生素； 发现它们的不同特性； 总结出富含各种维生素的代表性蔬菜； 针对维生素的不同特性，给出有针对性的烹饪建议

2. 如何用化学实验测定果蔬中维生素的含量(表5-7)

表5-7　用化学实验测定果蔬中维生素的含量

实验设计	具体内容
测定原理	维生素C又称抗坏血酸，具有还原性，能够将还原染料2,6-二氯靛酚(蓝色)氧化成脱氢抗坏血酸(无色)，但是在酸性条件下显玫瑰红色(显色反应)
测定方法	2,6-二氯靛酚滴定法
实验材料	维生素C片、番茄、镊子、研钵、容量瓶、剪刀、锥形瓶、滴定管等
实验过程	1. 实验前准备部分 ①制作偏磷酸醋酸溶液：取15 g偏磷酸(用时研细)溶于40 mL醋酸与20 mL水的混合液中，然后用水稀释至500 mL，过滤后储入试剂瓶中。 ②制作标准2,6-二氯靛酚溶液：取0.25 g 2,6-二氯靛酚溶于700 mL蒸馏水中(用玻璃棒搅动)，加入300 mL磷酸缓冲液，静止一天后过滤，滤液储于棕色瓶中，使用时，以抗坏血酸溶液标定。 ③制作标准维生素C溶液：以少量偏磷酸醋酸溶液溶解0.1 g维生素C于500 mL容量瓶中，再以该液稀释至刻度。 2. 实验部分 ①在3个100 mL锥形瓶中，各置2.5 mL偏磷酸醋酸溶液，再各加1 mL标准维生素C溶液，摇匀； ②用上面所制的标准2,6-二氯靛酚溶液滴定，记下所用2,6-二氯靛酚溶液体积平均值V_1； ③取3.5 mL偏磷酸醋酸溶液加水若干毫升，仍用2,6-二氯靛酚溶液滴定； ④将第一次滴定的量减去空白实验的量，即为标准维生素的反应量V_2，求出1 mL 2,6-二氯靛酚对应于维生素C的质量(mg)，即c。

五、方法指导

本次课程是探究型课程，部分知识由学生通过平板电脑搜索获取，教师进行整合、总结。在总结的过程中引导学生掌握获取信息的正确方法、解决问题的有效方法，学生可以马上将其应用到下一环节，进行巩固。

1. 信息获取

(1) 常识类信息。

渠道：微信公众号(官方)、微博(官方)、知乎(认证专家)。

技巧：将从各处搜集到的信息进行对比，对有争议之处进行反复查证。

(2) 学术类信息。

渠道：论文、教材。

技巧：选择影响因子高的论文及优秀教材，追根溯源。

2. 实验探究

对比实验法(研究单一变量对事件的影响)。

3. 问题解决

综合已有知识(生物、化学)。

搜索未知知识，借助互联网(参考已有研究)。

整合各类资源(学校网络、实验室、教师资源)。

六、分组

结合班级学习小组，根据不同实验方案分组。

(二) 基础学科课程 · 物理

周南梅溪湖中学大概念科学教育深度融合展示活动方案

周南梅溪湖中学　肖荷花

一、项目名称

制作电路故障检测仪　设计十字路口红绿灯电路图

二、项目背景

STEAM 学习，又叫项目式学习，宗旨是融合学科素养和学习基础素养，让学生经历跨学科的真实的问题解决与探究过程。前面已经上过两节课，本节课聚焦于项目式学习的展示和评价。项目式学习的评价——界定能力，包括提出问题(问题意识、澄清问题)，建立联系(新旧知识的联系、真实情境的联系、与他人的联系)，个性化表达(基于证据的表达、多元化表达)三部分。

背景：(1)周南梅溪湖中学赏梅楼一楼频繁停电，电工师傅一天来好几次，检查电路故障在哪里，由此引发孩子们的思索与研究，设计一个检测故障电路的仪器。

(2)长沙市梅溪湖路上，进校门前的十字路口常常拥堵，孩子们在车里可能要等三四个红灯，引导孩子们结合刚学的电学电路设计知识，设计出红绿灯交通电路图，并在此基础上改进红灯、绿灯发亮时长问题来解决局部拥堵问题。

三、项目时间安排

2020 年 9 月 28 日—10 月 11 日：学生查阅资料，根据生活中的问题选择项目，动手设计原理图。

2020 年 10 月 12 日—10 月 24 日：学生通过查阅资料、与家长讨论，确定方向和思路，一部分同学设计了粗糙的原理图。10 月 17 日，肖荷花老师在课堂上通过实验指导学生检测故障电路，讲解原理。结合长沙市梅溪湖路和近湖七路的十字路口拥堵情况，讲解一种状态时，四个路口的灯亮情况，同学们继续思考其他状态的设计。

四、STEAM 知识能力结构

(1)物理：九年级前期，学生通过学习，积累了电压、电流、电阻等电学基础知识，在实验操作中接触到故障电路，但还不知道怎么检测。通过本节课程学习和检测真实电路故障，学生经历实验设计、猜想、进行实验、得出结论和分析讨论的过程，培养实践探究精神。观察电工师傅的检修万用电表，鼓励学生们动手去尝试制作。

(2)能力收获：学会将课本知识运用到生活中，培养学生的动手能力、自学能力和解决问题的能力，培养小组学习分工合作意识等。

五、课程基本信息

年级：九年级。

规模：45 人，17 组，每组 2~4 人。

涉及领域：物理、电子、地理、信息。

目标：学会整合物理、电子、地理、信息等相关知识，完成故障电路检测仪的制作、红绿灯电路图的设计，继续更新迭代，直到解决问题。

六、项目流程

（一）常见电路故障检测学科知识前授

时间：2020 年 10 月 17 日。地点：直录播教室。

肖荷花老师：常见电路故障检测。

1. 回顾电路知识，电路的故障排查方法及故障原因分析

电路故障一般分为短路和断路两大类。分析识别电路故障时，一定要根据电路中出现的各种反常现象，如灯泡不亮、电流表和电压表示数反常等，分析其发生的各种潜在原因，再根据题中给的其他条件和现象、测试结果等进行综合分析，确定故障。

2. 电路故障的排查方法

（1）用一根导线并到断路的两端，有一个灯泡亮起来，不亮的灯泡是断路故障（图 5-2）。

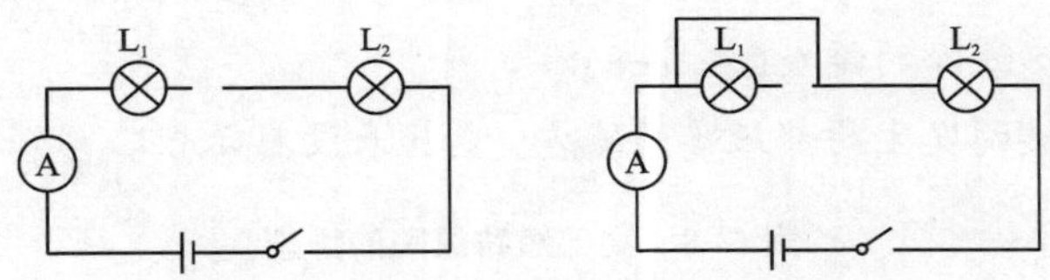

图 5-2　用导线排查故障

（2）将灯泡接到断路的地方，电路被接通，可以观察到电流表有示数或灯泡发光（图 5-3）。

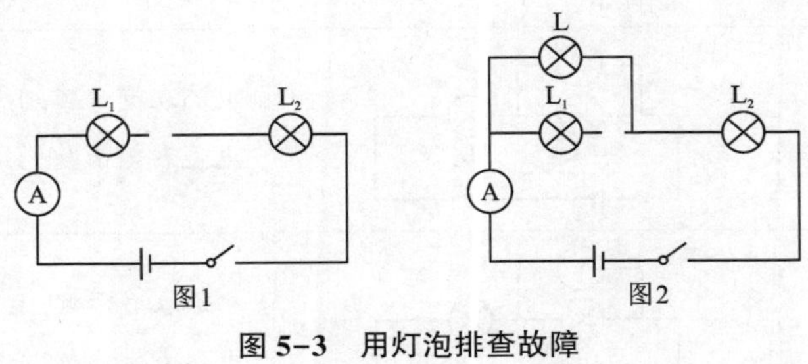

图 5-3　用灯泡排查故障

（3）将电流表接到发生断路的地方，电流表相当于一根导线把电路接通，可以观察到电流表有示数或灯泡发光（图 5-4）。

（4）将电压表接到发生断路的地方，用电压表把电路连通，电压表有示数，而且它的示数等于电源电压，但电路中的灯泡不发光，电流表也没有示数（图 5-5）。

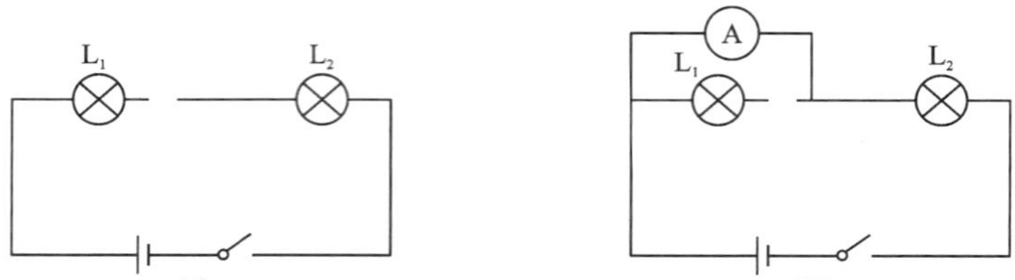

图1　　　　图2

图 5-4　用电流表排查故障

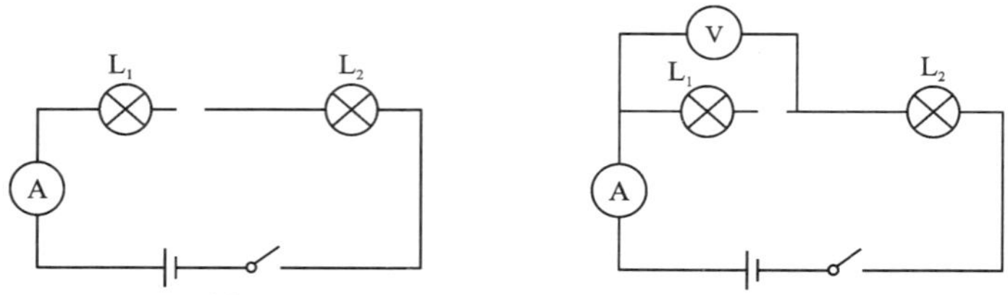

图1　　　　图2

图 5-5　用电压表排查故障

3. 局部短路故障的排查(表 5-8)

将电压表接到发生局部短路的地方，电压表没有示数。

表 5-8　局部短路故障的排查

选用器材	检测电路图	现象及结论
导线	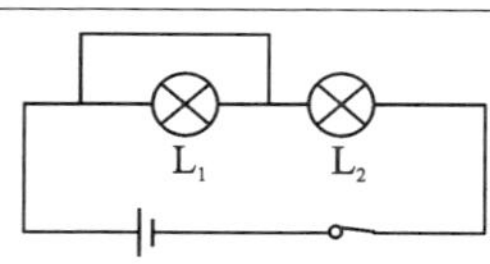	L_2 发光，L_1 开路； L_2 不发光，L_2 开路
电流表	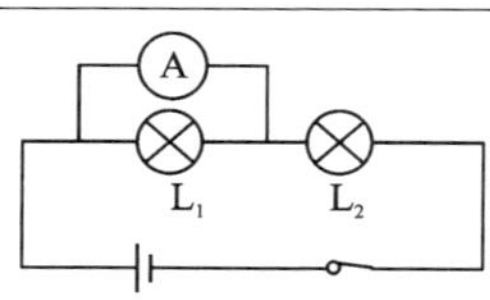	电流表有示数，L_1 开路； 电流表无示数，L_2 开路
电压表	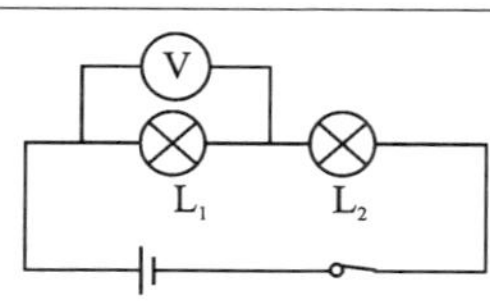	电压表有示数，L_1 开路； 电压表无示数，L_2 开路
小灯泡	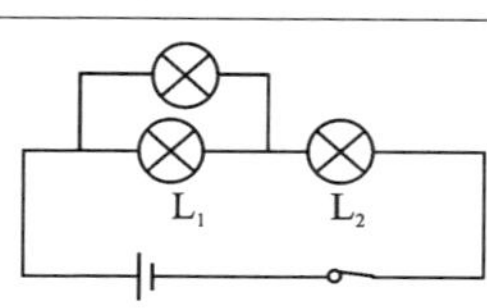	小灯泡发光，L_1 开路； 小灯泡不发光，L_2 开路

作业一：制作一台电路故障检测仪。

(1)设计原理(能检测出故障)。

(2)外观设计(显示屏或刻度，所有检测设备入盒——木盒或金属盒)。

(3)工艺设计(花纹、按钮，更便携等)。

借助互联网、图书查阅大量资料，向身边的维修师傅请教，制作一个检测电路故障的装置或一台小仪器，要有自己的设计思想和理念。

课堂动手操作(图 5-6)。

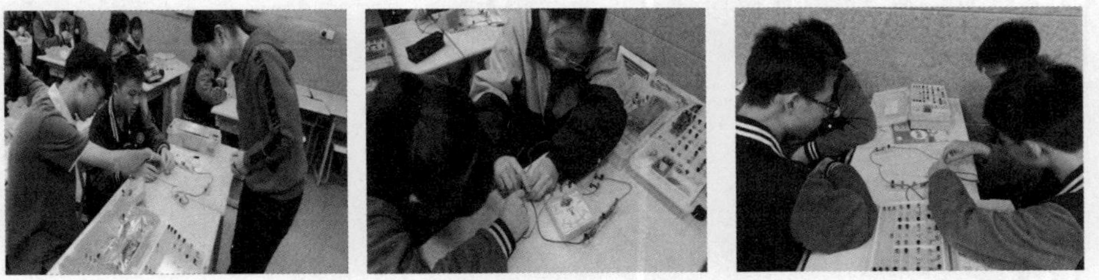

图 5-6 课堂动手操作

(二)电路设计原理学科知识前授

时间：2020 年 10 月 23 日。地点：直录播教室。

肖荷花老师：电路设计原理(图 5-7)。

图 5-7 电路设计原理

(1)电路设计，要满足交通信号灯在不同方向在不同时间倒计时内，亮不同的信号灯的功能；基本要满足交通信号灯可以实现东西方向和南北方向红黄绿灯的颜色转换，按下述四种状态循环发光。

(2)依据车辆运行要求，十字路口车辆运行时交通信号灯只有四种状态：

①开始时东西方向绿灯通行，南北方向红灯不通行，持续时间为 30 s；②过后东西方向绿灯变黄灯，南北方向红灯保持不变，持续时间 3 s；③过后东西方向黄灯变红灯禁止通行，南北方向变绿灯通行，持续时间为 30 s；④东西方向红灯不变禁止通行，南北方向绿灯变黄灯，持续时间为 3 s。之后又回到第一种情况，如此循环往复。

作业二：设计十字路口红绿灯电路图。

(1)设计原理(东西、南北方向能顺利通行，如果能考虑左转弯、右转弯更好)。

(2)简化原则(尽可能简洁美化，少开关)。

(3)如能迭代更新，太赞了(还能在某方向绿灯发亮延时时解决拥堵问题等)。

(三)初步方案的设定

略。

(四)小组具体实施

略。

(五)现场成果展示

时间：11 月 5 日。地点：直录播教室。

分为 17 组进行展示，具体如下。

第一组：周洋含、黄紫仪、潘博阳、胡可可

第二组：李庆、刘子涵、刘璀豪、唐雨祺

第三组：封慧乔、徐明郡、谭欢、马琳

第四组：李可、张妍

第五组：秦谐、王开原

第六组：邹天翔、周瑞

第七组：易梦希、王智禹

第八组：王茂楠、陈天畅、李泽旻

第九组：黎博文、向子怡、朱嘉欣

第十组：黄埔、耿伦

第十一组：李谢智浩、李婧、朱江奕

第十二组：刘乐怡、唐欣、刘柱

第十三组：虞玺、姜博仁、余硕理

第十四组：张子枫、丁自强

第十五组：周舒宸、李睿尔

第十六组：许杰睿、皮璐凌

第十七组：孙明刚、谭浩岳

（六）总结评估交流

作品构思从实际问题出发；结合学科知识，原理正确，讲解通畅、简洁易懂；外观讲究工艺，制作精美（表5-9）。

表5-9　总结评估交流表

组别	评价		
	一般	良好	优秀
第一组			
第二组			
第三组			
第四组			
第五组			
第六组			
第七组			
第八组			
第九组			
第十组			
第十一组			
第十二组			
第十三组			
第十四组			
第十五组			
第十六组			
第十七组			

（三）基础学科课程·化学

一个成功的导引式探究教学法案例

周南梅溪湖中学　秦有才

一、前言

近年来，笔者一直在尝试进行化学教学改革，探索、更新教学理念，提高学生素质，寻找适应教材特点的教学新路。笔者认为：化学这一科，知识零散，涉及方向多，不像数学、物理那样有很强的条理性和系统性，难以有适应全部教学内容的教法。总结多年的教改实践，笔者觉得导引式探究教学法能适应绝大部分化学课教学，现以“苯”这一节为例，进行介绍。

二、模式

第一步：导引。

上课时讲评作业，并从作业中导入新课：已知某烃分子中碳、氢的质量比为 12∶1，在相同状况下，它的蒸气密度是氢气密度的 39 倍，求这种烃的相对分子质量和分子式（答案：78、C_6H_6）。

教师板书：第七节　苯芳香烃

苯的分子式为 C_6H_6。

第二步：结构探究。

1. 理论探究

设问：苯的分子结构？由学生根据已有知识从分子式 C_6H_6 出发，主动探究。从价键规律出发分析 C_nH_{2n+2} 为饱和链烃，只有 C—C 键。每少 2 个氢原子即多 1 根碳碳键，为 1 根不饱和链或成环，学生由此探索苯的分子结构。学生书写结果五花八门，每堂课都多达 30 多种结构，且不完全相同，如下。

$HC\equiv C—CH═CH—CH═CH_2$　　$HC\equiv C—CH═C—CH═CH_3$

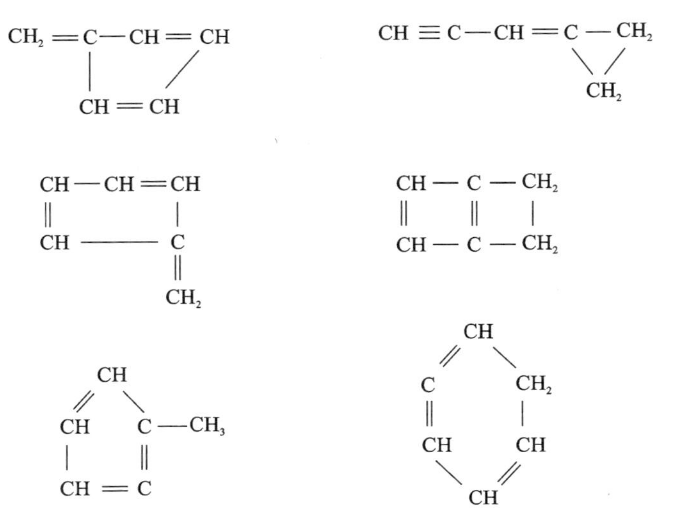

这样既培养和调动了学生的兴趣，增强了学生的学习主动性，又体现了学生的智力和实力，也促进了学生思维能力的提升。

注意：教师要有意识地导引学生得出苯的正确结构。

教师给出苯的键长均为 1.40×10^{-10} m、键能均相同、键角均为120°等数据，学生据此可以分析得出碳、碳之间键都一样，推测它只能成环，且在同一个平面上不可能为立体结构。

2. 实验探究

教师演示实验，苯不能使 $KMnO_4$ 溶液褪色，也不能使溴水褪色，证明它没有双键、三键等不饱和键，那它到底具有什么键呢？这正是学生感兴趣的，从而达到了调动学生兴趣的目的。

接下来由学生演示实验——苯的溴代、苯的硝化反应，师生共同分析得出结论，证明苯有单键的性质。教师讲解苯能发生加成反应，证明苯又有双键的特征，而据前面的分析，碳碳键完全一样，故苯分子中的碳原子之间只能是介于单键与双键之间的独特的键。

3. 作结

师生共同分析得出苯分子的结构为 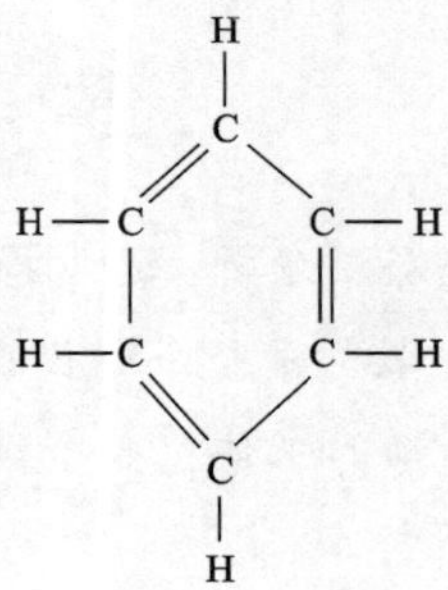 （凯库勒式），并说明凯库勒式不能准确地表示苯分子的结构，应用  来表示，但人们现在还常用凯库勒式  来表示。

第三步：性质探究。

展示苯的样品，探究苯的物理性质，概括讲解并演示苯的化学性质实验，引出“苯能燃烧且火焰明亮，冒浓烟”和硝化反应、硝基、芳香族化合物等概念，完善苯的知识。

第四步：知识运用探究。

例1：下列事实中，能说明苯与一般烯烃在性质上有很大差别的是(　　)。

A. 苯不跟溴水反应

B. 苯不跟高锰酸钾溶液反应

C. 1 mol 苯能与 3 mol 氢气进行加成反应

D. 苯是不饱和烃

例2：苯与乙烯、乙炔比较，下列叙述中正确的是(　　)。

A. 都易发生加成反应

B. 都易发生取代反应

C. 乙烯和乙炔易发生加成反应，苯只有在特殊条件下才能发生加成反应

D. 乙烯和乙炔易被氧化剂氧化，苯不易被氧化

例3：完全燃烧相同物质的量的 C_2H_6、C_2H_4、C_2H_2、C_6H_6 时，需要氧气最多的是________，生成 CO_2 体积在标准状况下相等的是________，生成 H_2O 质量相等的是________。

第五步：信息反馈。

作业布置：略。

三、总结

通过上述步骤，层层分析，逐步揭示，互为印证，最终探索出物质的分子结构和性质等知识。教师是整个过程的引导者、策划师；学生自始至终都在积极地参与活动，是活动的主体。整个过程是科学研究的常见方法之一。因此，这种教学方法有以下特点：

(1)提升了学生的分析、推理、抽象思维等多种能力。

(2)培养了学生的科研能力和科研意识，为他们以后在科学领域的发展奠定了基础，培养了学生的科研素质。

(3)加深了学生对知识的印象，促进了对知识的掌握。由于知识点层层递进，环环相扣，学生印象深、易记忆。

(4)改变了传统的教学模式，调动了学生的学习兴趣，培养了学生热爱化学、献身化学事业的精神。

四、适用范围

笔者认为这种导引式探究的教学方法适用于以下范围：

从教学内容看，适宜化学课中绝大多数元素化合物知识的教授。

从学生来看，适应于素质较高的学生。综合素质越高的学生，这样的课对他们的帮助越大，收获越大。

从课堂模式看，它可以和现代教育方法很好地有机结合起来，如学生的不同观点、作品可以通过投影演示出来，教师也可以将上课内容制作成生动活泼的课件，或充分利用投影仪等现代教育技术手段增大教学容量，活跃课堂研究气氛。

由于本文侧重于阐明导引式探究教学法的过程，因此没有使用现代教育技术手段进行设计。

五、后记

笔者认为，这种方法改革了传统教学模式，改革了课堂教学结构，是一种可以且值得推广的教学方法。笔者运用这种方法取得了一定的成绩，但是这种方法对教师素质提出了较高的要求。教师思维要敏捷，反应要快，知识要渊博，要能针对学生思想中的智慧火花予以及时的肯定与表扬，对其中的思维错误或知识错误则能及时地指出，学生才会兴趣盎然地跟上来。

(四)创新实践课程·社团课程

兔子的养殖

周南梅溪湖中学　彭世芳

一、课程目标

(1)让学生了解兔子养殖的一般常识，包括兔子的外形特征、生活习性、饮食结构和生理特点。

(2)让学生掌握兔子养殖的基本技术，包括兔子的营养需求、饲养原则、科学喂养方法等。

(3)培养学生的实践能力和责任意识。通过亲自参与养兔活动，体验到养兔的快乐和责任的重大，更感受到生命的珍贵。

二、教学重点、难点

让学生掌握兔子养殖基本技术，包括兔子的营养需求、饲养原则、科学喂养方法等。

三、教学方法

实践探究、分组学习。

四、教学过程

(一)师生相互介绍

(二)导入

播放与兔子相关的动画/电影片段，如《比得兔》《兔八哥》《越狱兔》《流氓兔》《爱宠大机密》《谁偷了我的粉兔子》《柏林墙的野兔》等。

师：请同学们谈谈对兔子的看法。

生：宠物、兔毛等。

总结：兔子是一种非常可爱的动物，集观赏性和经济性于一体。今天我们来学习如何饲养家兔，如何把兔子养得更肥、更美、更可爱。

(三)讲授新课

1. 兔子的外形特征、生活习性、生理特点

(1)外形特征。

兔子是哺乳纲兔形目、草食性脊椎动物，头部略像鼠，耳大，上唇中间分裂，尾短而向上翘，前肢比后肢短，善于跳跃，跑得很快。

(2)生活习性。

①昼静夜行。

②胆小好静。

③嗅觉、味觉、听觉灵敏，视觉较差。

④厌湿喜干。

⑤耐寒怕热。

⑥群居性差。

⑦啮齿行为。

(3)生理特点。

家兔生长发育迅速，仔兔出生时全身裸露，眼睛紧闭，出生后3~4日即开始长毛；10~12日睁开眼睛，出巢活动并随母兔试吃饲料；21日左右即能正常吃饲料；30日左右被毛形成。仔兔出生时体重约50 g，1个月时体重可达初生时的10倍。

母兔的妊娠期为 30~33 天；哺乳期为 25~45 天（平均 42 天），产仔 1~10 只（平均 7 只）。

2. 科学选址建设兔舍

师：了解兔子的生活习性之后，下面开始进行兔舍选址工作。

（1）科学选址：兔子胆小怕惊，抗兽害能力差，怕热、怕潮湿。因此，兔舍四周应尽可能种植树木，排水方便，地面必须保持干燥。

（2）自然通风，透光良好。

（3）兔舍：材料坚固，能防雨、防潮、防暑、防寒、防鼠、防蚊等。

（4）水源良好。

3. 兔子常用饲料

师：兔舍建好、兔子入住之后，就必须准备兔饲料。下面来了解家兔常用饲料的种类。

（1）青绿饲料，包括各种菜叶、红薯叶、树叶、野菜、牧草等。其特点是幼嫩多汁，维生素丰富，适口性好，家兔喜食，易消化吸收，家兔上膘快，被毛光泽好。

（2）多汁饲料，包括块根茎饲料，如红薯、胡萝卜、白萝卜、土豆等；瓜类饲料，如南瓜、丝瓜、冬瓜、西瓜皮等，其特点是水分多，粗纤维少，糖分和淀粉含量高，维生素 A 含量多，但蛋白质和矿物质含量较低。

（3）粗饲料，包括各种野杂草、农作物秸秆，如麦秸、豆秸、玉米秆、花生秧、绿豆角皮及各种秧蔓。粗饲料的特点是体积大，粗纤维含量高，蛋白质、各种维生素及矿物质含量低。饲喂时应根据家兔的不同生长阶段合理搭配，一般占日粮的 30%~50%。

（4）精饲料，可分为谷实类、麸皮类、植物性蛋白质类和动物性蛋白质类四个类别。

小结：平时饲养家兔时，要以青料为主，精料为辅，这是饲养草食性动物的一条基本原则。另外还要合理搭配，饲养多样化，讲究喂养方法，不仅要定时定量，还要注意喂养次数。家兔夜间采食频繁，所以晚上应给家兔添足草料，并且给它们供应充足的饮水。

（四）学生分组探究学习

1. 喂兔时间安排（表 5-10）

表 5-10　喂兔时间安排

社团名字	学生姓名	性别	班级	组别	时间
初一青梅课程 劳动小能手	于楚涵	男	C2211	1 组	周五
初一青梅课程 劳动小能手	刘俊鑫	男	C2212	1 组	
初一青梅课程 劳动小能手	代双泉	男	C2212	2 组	周四
初一青梅课程 劳动小能手	罗添翼	男	C2213	2 组	
初一青梅课程 劳动小能手	李颢祥	男	C2205	3 组	周一
初一青梅课程 劳动小能手	李瑾瑜	男	C2209	3 组	
初一青梅课程 劳动小能手	符泽	男	C2210	4 组	周二
初一青梅课程 劳动小能手	刘师阳	男	C2203	4 组	
初一青梅课程 劳动小能手	金紫嫣	女	C2210	5 组	周六
初一青梅课程 劳动小能手	李思璇	女	C2208	5 组	
初一青梅课程 劳动小能手	易诗尧	女	C2201	5 组	
初一青梅课程 劳动小能手	梅涛	男	C2207	6 组	周三

注意事项：

(1)分好组后，要在课间操时段过来喂兔子，如果不能来，需告诉老师，缺勤 3 次将取消喂养资格。

(2)在劳动实践基地要注意安全，不要打闹嬉戏，不要破坏菜地。

(3)喂兔子需定时定量，不要喂有水的蔬菜。喂养过程中，如有新发现，请填写在观察日志中。

(4)喂完兔子后，摆放好劳动用品与饲料，清洗双手。

2. 分组领取饲料，认识饲料

图 5-8 中的 6 种饲料，哪些是精饲料，哪些是粗饲料？

3. 投喂实践

让学生亲自进行饲料的投喂，学习如何根据兔子的食量和活动情况调整投喂量。图 5-9 为一把萝卜叶和一把红薯叶的重量。把学生分成 2 组，一组喂兔子吃萝卜叶，另一组喂兔子吃红薯叶，通过情况对比，让学生思考两种菜叶作为饲料的不同之处。

萝卜叶　红薯叶　兔粮

麻叶　苜蓿草　提摩西草

图 5-8　6 种饲料

图 5-9　一把萝卜叶和一把红薯叶的重量

4. 观察与记录

观察兔子对饲料的反应，记录投喂量、剩余量等信息，以便后续优化投喂策略。表 5-11 为观察(研究)日志。

表 5-11 周南梅溪湖中学养研社兔子养殖观察(研究)日志

记录人：＿＿＿＿＿

<table>
<tr><td>研究项目</td><td colspan="3">养殖兔子</td></tr>
<tr><td>研究内容</td><td colspan="3">习性研究□　对比研究□　其他研究□</td></tr>
<tr><td>观察人员</td><td colspan="3"></td></tr>
<tr><td>所在班级</td><td></td><td>所在年级</td><td></td></tr>
<tr><td>研究时间</td><td></td><td>指导老师</td><td></td></tr>
<tr><td>兔子数量</td><td></td><td>兔子颜色</td><td></td></tr>
<tr><td>所在地块</td><td colspan="3">劳动实践基地养殖区</td></tr>
<tr><td>所在区域</td><td colspan="3">养兔区</td></tr>
<tr><td>情况记录</td><td colspan="3">(整体情况与每只兔子的情况都请详细记录)</td></tr>
<tr><td>对比分析</td><td colspan="3"></td></tr>
<tr><td>研究结论</td><td colspan="3"></td></tr>
</table>

五、作业布置

(1)将观察(研究)日志填写完整。

(2)上网查阅兔子每日的饲料供应量，1 个月的兔子饲料供应量是多少，2 个月的兔子、3 个月的兔子饲料供应量又是多少?

(3)抱兔子有几种姿势?哪种抱姿兔子会感觉最舒服与安全?

(4)了解兔子的肢体语言。

(五)创新实践课程·社团课程

“创客，可以这么玩”课堂教学设计

周南梅溪湖中学　秦有才

【教学目标】

(1)观看火灾视频，让学生分析、了解火灾发生的原因。

(2)分析火的燃烧条件及现象。

(3)使学生学会烟雾报警装置的制作和使用方法。

(4)培养学生的创造力和想象力，以及主动探究的学习精神。

(5)培养学生学以致用，将学到的知识与生活实际联系起来的意识。

(6)通过分组实验，培养学生的团队合作、自主解决问题的能力，并了解合作的重要性。

(7)通过作品展示，让学生学会分享。

(8)通过现场互动，让学生学会倾听，懂得给他人鼓励。

【教学重点和难点】

教学重点	1. 烟雾报警装置电子元器件的选择与认识； 2. 知道烟雾报警模块的编程逻辑
教学难点	1. 烟雾报警装置电子元器件：烟雾模块、蜂鸣器的选择与认识； 2. 自主组装，自主实验

【教学设计思路】

这节课的目的是让学生认识火灾的危害，并能结合生活实际，提出自己的防火防灾办法。因此，可以在教学过程中，从日常生活出发，通过故事环节的引导，抛出问题，带动学生思考。此外，情景式的上课，体验科技创新，可以给学生更多的思考和讨论空间，激发他们的想象力。

【教学准备】

1. 教材、PPT
2. 火灾现场、火燃烧场景(视频)
3. 火的燃烧条件，烟雾报警装置的组成(文本资料)
4. 实验器材

【教学过程】

1. 课题导入

2018 年 9 月，中国发明协会第十届国际发明展览会在广东举行，周南梅溪湖中学同学勇夺 2 金 1 银的好成绩。

他们是怎样去广东的呢？坐高铁。

高铁是怎样确保运行安全的呢？一个重要的措施就是禁止吸烟。

发生在我们身边的火灾给国家及家庭带来很大的损失，播放令人震惊的火灾的视频，提问：怎样防止火灾？或者说，怎样把火灾的损失控制在最小范围呢？

互动讨论：生活中预防火灾的具体措施有哪些？如何制作烟雾报警装置？烟雾报警装置怎样报警？

2. 燃烧的条件、现象分析

师生共同分析火的燃烧条件，拓宽学生的知识面。

(1) 火燃烧的条件：氧气、可燃物质、温度达到可燃物质的燃点。

火的着火点，即燃点（科学名词）。物质的燃点是指将物质在空气中加热时，开始并继续燃烧的最低温度。在不同大气压下燃点也会有所变化，一般气压越低，燃点越高，如柴油机。柴油机通过将空气压缩，降低柴油的燃点，达到燃烧的目的。

(2) 燃烧的现象：①浓烟滚滚。②氧气浓度降低，CO_2 浓度升高。③周围空间温度升高等。

3. 烟雾报警装置的原理分析

在综合套件箱里，认识并找到烟雾报警装置的电子元器件：烟雾模块、蜂鸣器、主控板等。

烟雾报警装置就是通过监测烟雾的浓度来实现火灾防范的，其内部采用离子式烟雾传感器。离子式烟雾传感器是一种技术先进、工作稳定可靠的传感器，被广泛运用在各种消防报警系统中，性能远优于气敏电阻类的火灾报警器。

烟雾报警装置由三部分组成：一是一台用于检测烟雾的装置传感器；二是一只声音非常响亮的电子扬声器，一旦发生危险可以及时警醒人们；三是一个控制整个装置的主控板。要使烟雾报警装置保持正常运行，只需要一块9 V的电池就可以了。

当今，世界上使用得最为普遍的烟雾报警装置，当数光电式烟雾报警器和电离式烟雾报警器。

4. 烟雾报警装置的制作

小组在15分钟内按照要求完成实验，完成后由老师检查；

(1) 小组成员讨论设计造型并分工合作，在2节课时间内完成造型。

(2) 把造型和实验装置搭配起来，完成最终成果。

5. 展示与分享

思考：此次实验的功能是什么？能用到生活中的哪些地方？

(1) 小组准备演讲内容(3分钟)。

(2) 小组上台展示自己的作品，其他成员可以补充(3分钟)。

(3) 老师进行点评，选出优秀个人、团队，给予一定奖励。

6. 拓展与反思

思考：(1) 该作品还可以在哪些地方使用？

(2) 我们还可以在制作过程中得到什么启发？可以用到我们的哪些创客活动中去？

(六) 创新实践课程 · 调查研究

调查问卷的设计教案

周南梅溪湖中学　秦有才

一、教学目标

【知识与技能】

(1) 了解常规调查问卷的一般结构。

(2) 能设计简单的调查问卷。

(3) 会对调查结果进行简单的汇总和分析。

【过程与方法】

由“中学生上网情况调查报告”开始本节课，让学生了解调查问卷，从而引入本节课的主题，然后对调查问卷的基本结构进行介绍，进一步阐述如何设计一个规范的调查问卷以及问题设计需要注意的方面，最后列举部分高考真题和模拟题进行强化训练。

【情感态度与价值观】

通过调查问卷的介绍和设计练习，让学生认识到问卷调查法在综合实践活动中的重要性，锻炼学生在日常生活当中解决实际问题的能力。

二、教学重点与难点

【教学重点】

调查问卷的结构和设计。

【教学难点】

设计调查问卷题目的原则和要点。

三、课时设计

1 课时。

四、教学器材

多媒体教学系统。

五、教学过程

教学环节	教师活动	学生活动
创造情景引入课题	教师：为了解学校学生上网的实际情况，学校在上周对学校学生进行了一次问卷调查，下面请看此次调查的相关内容 大屏幕展示：“中学生上网情况调查报告”，包括此次问卷调查的调查目的和调查对象，调查问卷内容，以及调查结果的统计和分析	观看调查报告，了解调查问卷
授课内容	引入课题：在我们平时的学习和日常生活中，经常会碰到各种各样类似的问卷调查，现在请你再次阅读此份调查问卷，分析它由哪些部分组成，并思考每一部分的作用 大屏幕展示：“中学生上网情况调查报告” 教师：2 分钟的思考时间，然后请学生说说观点；让几名学生说说自己的认识，并加以点评；对他们的发言加以总结	阅读调查问卷并思考： 1. 一份调查问卷应包括哪些部分？ 2. 每一个组成部分的作用是什么？

续表

<table>
<tr><th>教学环节</th><th>教师活动</th><th>学生活动</th></tr>
<tr><td>授课内容</td><td>(一)认识调查问卷
1. 调查问卷的组成
一份完整的调查问卷通常由标题、卷首语、指导语、主体、结束语组成
2. 调查问题的形式
封闭式——在每个问题后面给出若干个备选答案，被调查者只能在这些备选答案中选择自己的答案
开放式——允许被调查者用自己的话来回答问题
(二)如何设计调查问卷
1. 标题
标题概括地说明了调研主题，使被调查者对所要回答的问题有大致的了解；问卷标题要简明扼要，但又必须点明调研对象或调研主题
2. 卷首语
卷首语主要说明调研意义、内容等，以消除被调查者的紧张和顾虑；卷首语的说明力求言简意赅，文笔亲切又不太随便；卷首语包括以下内容：
①自我介绍(让被调查者明白你的身份或调查主办的单位)；
②调查的目的(让被调查者了解你想调查什么)；
③回收问卷的时间、方式及其他事项；
④被调查者的背景信息
3. 指导语
指导语主要是告诉被调查者如何填写问卷
4. 主体
主体是调查问卷最重要的部分，我们可以通过以下步骤来设计主体：
第一步：确定调查目标——“我要调查什么?”
第二步：分解调查目标，确定子目标——“我打算从哪几个方面来进行调查?”
第三步：设置问题——“我可以设置哪几道问题?”
在设置问题时必须考虑以下几点：
①问题的选用；
②问题的排列；
③问题的表述</td><td>学生讨论，发表自己的意见

听讲，了解调查问卷的组成部分

领会各部分的作用，以及设计要点</td></tr>
</table>

续表

教学环节	教师活动	学生活动
授课内容	5. 结束语 结束语置于调查问卷的最后，一般是简短地对被调查者的合作表示真诚的感谢，也可以征询他们对调查问卷设计和问卷调查本身的看法和感受 (三)课堂练习 1. 案例 展示一系列关于高考家长陪考的图片，然后提出问题： 每年高考期间，都会出现“考生在场内答题目，家长在场外‘烤太阳’”的独特景观 现在请你设计一份调查问卷来了解高三学生对高考时家长陪考的看法(要求：结构完整，调查的问题设计要紧扣主题，至少 3 条) 抽取 3 个小组进行展示，由其他小组点评，老师进行总结 先展示调查问卷，然后根据学生设计情况详细讲解 (1) 问题选用 首先要将与调查有关的问题尽可能地列出来，然后再逐个推敲筛选，决定问卷选用的问题： 第一，必须是围绕调查目的的最必要的题目，可要可不要的问题不要列入； 第二，问题不能过多，问卷不宜过长，一般控制在 20 分钟以内回答完毕； 第三，充分考虑被调查者的身份背景，不要提出对方不感兴趣的问题 (2)问题排列 问题排列要有一定的逻辑次序，层次分明，先易后难，先简后繁，被调查者熟悉的问题在前 (3)问题表述 第一，要注意语言的简洁性、通俗性，不能使用专业术语； 第二，要持“中立”立场，不能带任何倾向性或暗示；	4 人一组进行讨论，完成一份完整的调查问卷 认真领会“问题选用”“问题排列”“问题表述”的设计要点 继续讨论，完善问卷，小组间交流看法

续表

<table>
<tr><th>教学环节</th><th>教师活动</th><th>学生活动</th></tr>
<tr><td rowspan="2">授课
内容</td><td>第三，要做到一个问号前只问一个问题，不要在一个问号前设多个问题；
第四，表述问题的语言要准确，不要使用模棱两可、含混不清或容易产生歧义的语言或概念，使对方难以选择
教师：请各小组根据刚才的讲解将你们的调查问卷进一步完善，然后前后两小组间互换问卷，交流感受和看法
教师总结引入下一个问题
（四）调查问卷的数据统计和分析
经过调查问卷的发放和收集，得到第一手资料之后，我们还必须对原始数据进行统计汇总，以便进行下一步的分析，找出调查现象的某一特征和发展规律
对有效问卷分别归类统计
制作统计图表以便于相互比较分析
图表的好处是形象、直观，易懂。有几种图我们用得较多：一是柱形图，优点是便于对比，以寻找项目间的差异；二是折线图，优点是从中能够看出事物的走势和波动态势；三是饼形图，优点是便于了解子项目相对总项目的比例大小</td><td>听讲，仔细体会三种统计图表的优缺点</td></tr>
<tr><td>【强化练习】
具体题目见学案</td><td>认真阅读题目并完成学案上的“强化练习”</td></tr>
<tr><td>课堂
小结</td><td>（1）如何设计简单的调查问卷
（2）怎样对调查结果进行简单的汇总和分析</td><td>回顾领会</td></tr>
<tr><td>课后
作业</td><td>（1）复习本节课的相关知识
（2）完成学案中未完成的习题部分</td><td>明确任务</td></tr>
</table>

（七）创新实践课程·科学实验（PPT　秦有才）

相关 PPT 请扫描二维码。

小小化学家

(八)创新实践课程·发明创造

绘制设计图

周南梅溪湖中学　刘任池

<table>
<tr><td>科目</td><td>综合实践活动</td><td>年级</td><td>七</td><td>班级</td><td></td><td>时间</td><td>2 月 24 日星期一
第 3 节</td></tr>
<tr><td>课题</td><td colspan="7">方法指导课：图纸设计(1 课时)</td></tr>
<tr><td>教学目标</td><td colspan="7">(1)价值体认：通过主动与老师、同伴交流思想认识，了解图纸设计的基本原则；
(2)责任担当：初步形成探究问题的意识和方法，形成对社会负责任的态度；发展兴趣专长，形成积极的劳动观念和态度；
(3)问题解决：培养学生自主学习的能力；能够解决绘画问题；
(4)创意物化：培养学生的绘画设计能力，形成在实践操作中学习的意识，提升综合解决问题的能力</td></tr>
<tr><td>教材分析</td><td colspan="7">确定设计作品，是绘画制作项目的第一步
本课时重点是告诉学生了解图纸绘画，难点是如何把设计好的东西用图纸表述出来，完成一个作品</td></tr>
<tr><td>时序</td><td colspan="6">实施教学过程设计</td><td>设计意图</td></tr>
<tr><td></td><td colspan="6">一、导入
展示获奖设计作品
同学们看了这么多优秀的设计，一定也跃跃欲试，想要制作自己的作品。当确定了项目，有了好的创意，准备动手制作之前，我们需要将设计构想绘制成设计图
这节课我们以《建筑工地用雨水回收利用装置》为例，一起来学习图纸设计
二、新授
(一)设计草图
1. 准备
手绘：铅笔、橡皮、纸、尺子
电脑绘画：CAD 等软件</td><td>引入课题，使学生产生兴趣，使学生知道图纸设计制作活动的绘画方式，解决问题，完成设计图纸</td></tr>
</table>

续表

<table>
<tr>
<td></td>
<td>
2. 草图绘画（手绘）
第一步：设定图上装置与实际装置的比例；
第二步：确定设计图绘制的角度。我们绘制了平视图和俯视图两种；
第三步：确定适合的绘制方式；
第四步：细化草图的细节；
第五步：标注图中各个部位的名称和注解
老师示范（视频展示）
（二）结构图绘画
为了使图纸能更精确地表现出《建筑工地用雨水回收利用装置》的内部细节，我们需要绘制透视图。
（1）标注名称；
（2）优化细节
老师示范（视频展示）
（三）三视图绘画
1. 定义
（1）从物体的上面往下面看得到的视图——俯视图；
（2）从物体的左边往右边看得到的视图——左视图；
（3）从物体的前面往后面看得到的视图——主视图
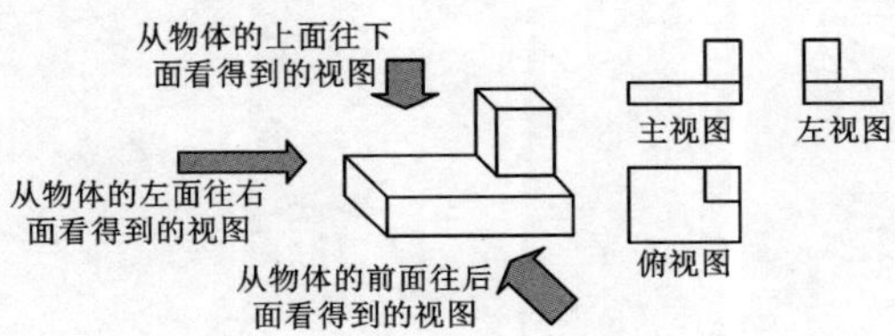

2. 三视图的作图步骤
（1）确定主视图的方向；
（2）布置视图；
（3）先画出能反映物体真实形状的一个视图（一般为主视图）；
（4）运用长对正、高平齐、宽相等原则画出其他视图；
（5）检查
老师示范（视频展示）
（四）绘制电性连接图
略
三、总结
图纸设计分为制作草图—结构图—完成三视图绘画几步，全部完成后才是一份完整的图纸设计
</td>
<td>让学生学会画图，先画草图、结构图、三视图，完成图纸设计</td>
</tr>
</table>

续表

教学反思	四、作业 根据自己的设计完成一幅完整的图纸 (1)图纸设计，重点应该是解决学生的绘画困扰，以及如何完成自己的设计方案； (2)讲解时要注意多引用一些来自身边活生生的例子，多准备、多展示几件作品，让学生了解绘画制作的过程； (3)引用的作品要是中学生的作品； (4)让学生多动手，独立完成图纸设计

第三篇

科技创新模式成效

第六章　周南梅溪湖中学科技创新模式成果

2015 年，周南梅溪湖中学构建了学校科技创新活动的新模式——以名师工作室为依托，以创客工作室为龙头，以名学生工作室为核心，大力开展学校科技创新教育。

经过 9 年多的发展，学校的科技创新教育积累了丰富的创新能力培养的实践经验。据不完全统计，学校先后获得科技创新集体荣誉 52 项，申请国家专利 71 项，并在各级各类创新竞赛活动中，取得了不错的成绩。尤其值得一提的是，在 2024 年 3 月第 27 届莫斯科“阿基米德”国际发明创新技术展览会、2023 年 6 月第六届中国(上海)国际发明创新展览会、2022 年 9 月伦敦国际发明展、2021 年 4 月第四届中国(上海)国际发明创新展览会暨“未来发明家国际选拔赛”，学校均有作品获金奖及大奖。

第一节　周南梅溪湖中学科技创新模式取得的成绩

一、学校获得的科技创新类荣誉称号

(1)2015 年 9 月，学校被省教育厅授予第十二届湖南省中小学机器人竞赛最佳组织奖。

(2)2015 年 11 月，学校被市教育局、市地震局授予“2015 年度长沙市防震减灾科普教育示范学校”称号。

(3)2016 年 2 月，学校荣获中国科协“全国科技工作者状况调查站点”称号。

(4)2016 年 3 月，学校成为长沙市第一所荣获“全国青少年科学调查体验活动推广示范单位”称号的学校。

(5)2016 年 4 月，学校成立了“文加质观鸟护鸟工作室”，是湖南省第一所

挂牌成立学生工作室的学校，《中国教育报》等众多媒体给予报道。

(6)2016年9月，学校荣获《科学启蒙》杂志社全国“校园科普活动示范基地”称号。

(7)2016年9月，湖南省创造学会第七次会员代表大会上，学校当选为湖南省创造学会常务理事单位。王剑湘副校长当选为常务理事，秦有才老师当选为理事。

(8)2016年9月，学校获《科学启蒙》杂志社“校园科普活动示范基地”称号。

(9)2016年10月，学校获得第十七届湖南省中小学电脑制作活动最佳组织奖。

(10)2016年12月，学校在第6届全国校园发明创意大赛中取得团体第三名的优异成绩，荣获“全国十佳创新名校”称号。

(11)2016年12月，学校创客工作室荣获第三批“长沙市科学工作室”称号。

(12)2016年12月，学校被全国创新教育名校联盟授予“全国十佳创新名校”称号。

(13)2016年12月，在2016年长沙市青少年科技教育工作总结会暨全市青少年科技竞赛活动辅导工作培训班活动中，学校创客工作室被长沙市科协授予“长沙市青少年科学工作室”称号，并获得5万元奖励性补助款。

(14)2017年1月，学校凭借秦有才老师的《利用互联网整体推进创客工作室建设的尝试》作品获评“校园好网民”主题活动单位组一等奖。

(15)2017年3月，学校荣获“全国青少年科学调查体验活动推广示范单位”称号。

(16)2017年4月，学校荣获第38届湖南省青少年科技创新大赛“十佳学校”称号。

(17)2017年4月，学校荣获“湖南省科技创新十佳学校”荣誉称号。

(18)2017年5月，学校荣获“湖南省知识产权教育试点学校”荣誉称号。

(19)2017年8月，学校被湖南省知识产权局、湖南省教育厅授予“湖南省中小学知识产权教育试点学校”称号。

(20)2017年8月，学校荣获“湖南省防震减灾科普教育示范学校”荣誉称号。

(21)2017 年 11 月，学校被国家知识产权局、教育部授予“全国知识产权教育试点学校”称号。

(22)2017 年 11 月，学校被授予“湖南省中小学科技创新教育基地”称号。

(23)2017 年 12 月，学校被长沙市教育局授予“长沙市科技创新特色学校”称号。

(24)2018 年 1 月，学校被评为“2017 年长沙市创新教育先进集体”

(25)2018 年 5 月，学校获“2018 年全国青少年科学调查体验活动特色学校”称号。

(26)2018 年 7 月，学校获得第六届中国澳门国际创新发明展优秀组织奖(国际级)。

(27)2018 年 11 月，学校“秦有才科技创新名师工作室”被评为“中国发明协会中小学创造教育分会 2018 年度先进集体”。

(28)2018 年 11 月，学校被评为“湖南省青少年科学调查体验活动优秀实施单位”。

(29)2018 年 12 月，在“体验科学，快乐成长”——2018 年全国青少年科学调查体验活动中，学校获得“全国青少年科学调查体验活动优秀实施单位”荣誉称号。

(30)2018 年 12 月，学校被认定为“国家防震减灾科普教育示范学校”。

(31)2019 年 5 月，学校获“2019 年全国青少年科学调查体验活动实施学校”称号。

(32)2019 年 5 月，学校被评为“湖南省知识产权教育示范学校”。

(33)2019 年 5 月，第三届长沙市青少年创客节总结表彰会上，学校被授予“长沙市科技教育特色学校”荣誉称号。

(34)2019 年 6 月，学校被评为“长沙市知识产权教育试点学校”。

(35)2019 年 10 月，学校获“湖南省教育学会创客教育中心优秀会员单位”荣誉称号。

(36)2020 年 8 月，学校获湖南省机器人科技教育学会“机器人与人工智能科技创新后备人才培养示范学校”称号。

(37)2020 年 9 月，学校获“2020 年全国青少年科学调查体验活动实施学校”称号。

(38)2020 年 11 月，学校获中国发明协会中小学创造教育分会“团体会员”

称号。

(39)2020 年 12 月，学校创客工作室获中国发明协会中小学创造教育学会“先进集体”称号。

(40)2021 年 3 月，学校获“小平科技创新实验室”建设项目国家级“认定授牌”类建设学校。

(41)2021 年 4 月，学校在中国（上海）国际发明创新展览会暨“未来发明家选拔赛”活动中获“优秀组织奖”。

(42)2021 年 4 月，学校创客工作室获“长沙市工人先锋号”称号。

(43)2022 年 4 月，学校被长沙市知识产权局授予“知识产权教育示范学校”称号。

(44)2022 年 4 月，学校获评长沙市中小学劳动与实践教育试点学校。

(45)2023 年 1 月，秦有才科普志愿队(叶双秋、秦有才、肖荷花、刘任池等)在未来拔尖创新培养人才工作中表现突出，获省科技机器人教育协会授予“融创未来 育才行动”优秀名师团队称号，秦有才、肖荷花等被授予“科普教官”荣誉称号。

(46)2023 年 7 月，第二十届全国中学生水科技发明比赛湖南赛区优秀组织单位。

(47)2023 年 8 月，学校荣获全国青少年劳动技能与智能设计大赛(湖南赛区)省优秀组织单位。

(48)2023 年 8 月，学校荣评湖南省第二批劳动教育示范校。

(49)2023 年 9 月，学校荣获国家级“长沙基础教育国家级优秀教学成果推广示范区”第一批典型示范校称号。

(50)2023 年 12 月，学校荣获湖南省教育学会劳动教育专委会理事单位。

(51)2023 年 5 月，学校创客工作室获“长沙市青年文明号”称号。

(52)2024 年 7 月，学校获得教育部“白名单”比赛“第十届全国青年科普创新实验暨作品大赛”湖南省优秀组织单位称号，吴伟校长获得优秀组织工作者称号。

二、学生参加科技创新类比赛获得的成绩

(1)2024 年 3 月，第 27 届莫斯科“阿基米德国际发明暨创新科技展，学校学生获得 3 个金奖、1 个大会特别奖(表 6-1)。

表 6-1　第 27 届莫斯科“阿基米德”国际发明暨创新科技展获奖情况

序号	类别	作品名称	作者	指导教师	获奖情况
1	发明作品	隧道及地势低路面水位智能监测预警装置	周亿康、林子皓	肖荷花、秦有才、姚灿	金奖、大会特别奖
2	发明作品	基于物联网技术的保温型智能救生衣	周亿康、刘茜茹	肖荷花、刘任池、吴万紫	金奖
3	发明作品	智能闭环式高产高量鱼菜共生生态体系	王鸣磊、周亿康	秦有才、肖荷花、梁秋霞	金奖

(2)2023 年 12 月，学校学生林子皓、彭钰涵、刘茜茹作品“仿自然环境的温控型无极调速电风扇”参加中国台湾 2023 高雄 KIDE 国际发明暨设计展获金奖。

(3)2023 年 10 月，学校学生林子皓、邱诗翔、林子皓、陈彦廷、刘茜茹共 3 件作品“农村水库差异化泄洪装置”“儿童坐姿矫正器”“吸盘式木地板伸缩缝修复”参加中国澳门国际创新发明展获 1 金 1 银 1 铜的好成绩。

(4)2023 年 8 月，学校学生林子皓、彭钰涵、刘桓瑞作品“全自动水力发电循环演示装置”参加宋庆龄少年儿童发明奖湖南省选拔活动获省二等奖。

(5)2023 年 6 月，参加第六届中国(上海)国际发明创新展览会，学校 3 件学生作品均获金奖(表 6-2)。

表 6-2　第六届中国(上海)国际发明创新展览会获奖情况

序号	作品名称	作者	指导教师	获奖情况
1	基于语音控制的全自动水力发电循环演示装置	张云逸、林子皓	肖荷花	金奖
2	水库泄洪预警系统及河道泄洪预警装置	朱子颖	肖荷花	金奖
3	基于人体温度感应的智能降温风扇	彭玉涵、张云逸	肖荷花	金奖

（6）2023 年 3 月，第 26 届莫斯科“阿基米德”国际发明暨创新科技展，学校参赛作品获得 3 金 1 银的好成绩（表 6–3）。

表 6–3　第 26 届莫斯科“阿基米德”国际发明暨创新科技展获奖情况

序号	作品名称	作者	单位/学校	指导教师	获奖情况
1	水力发电全自动循环演示装置	林子皓、彭玉涵、马嘉懿	长沙市周南梅溪湖中学、长沙市长雅中学	肖荷花	金奖
2	水库泄洪预警系统及预警装置	张云逸、刘家玮、喻江峰、朱子颖	长沙市周南梅溪湖中学、长沙市雨花区金海中学、长沙市一师二附小	肖荷花	金奖
3	太阳能稻田节水节能灌溉系统	陈彦廷、王鸣磊、周婉容	长沙市师大附中高新实验中学、长沙市实验小学梅溪湖学校、长沙市周南梅溪湖中学	肖荷花	金奖
4	防迟到智能提醒床	林子皓、聂殷杰、王鸣磊	湖南省长沙市周南梅溪湖中学、湖南师范大学附属滨江学校、长沙市实验小学梅溪湖学校	肖荷花	银奖

（7）2022 年 12 月，学校学生林子皓、朱子颖作品“水库泄洪智能预警系统”，学校学生张云逸、彭钰涵作品“文物考古专用车箱体”参加北马其顿国际专利发明创新和新技术展览会，均获金奖。

（8）2022 年 12 月，第十七届宋庆龄少年儿童发明奖，学校 3 件学生作品均取得了省二等奖的好成绩（表 6–4）。

表 6–4　第十七届宋庆龄少年儿童发明奖获奖情况

序号	作品名称	作者	单位/学校	指导教师	获奖情况
1	水灾后淤泥分布图的智能化测绘装置	张云逸、张友泰	长沙市周南梅溪湖中学	肖荷花	省二等奖
2	有效减少护理工作量的新冠病人专用枕头	杨昌明、杨瀚宇	长沙市周南梅溪湖中学	秦有才	省二等奖
3	人工智能采样机	杨昌明	长沙市周南梅溪湖中学	秦有才	省二等奖

(9)2022 年 10 月，第十届中国澳门国际创新发明展，学校获得 3 金 1 银的好成绩(表 6-5)。

表 6-5　第十届中国澳门国际创新发明展获奖情况

序号	作品名称	作者	单位/学校	获奖情况
1	野外考古专用护理箱	张云逸、李思妙、张友泰、秦有才	长沙市周南梅溪湖中学	金奖
2	基于无人机的水灾后淤泥分布图智能化测绘装置	张云逸、聂殷杰、王梓屹	长沙市周南梅溪湖中学、湖南师范大学附属滨江学校、长沙市长雅中学	金奖
3	太阳能稻田保水灌溉系统	彭钰涵	长沙市周南梅溪湖中学	金奖
4	智能防迟到提醒床	彭钰涵	长沙市周南梅溪湖中学	银奖

(10)2022 年 9 月，伦敦国际发明暨贸易展 ITE 项目(国际级)，学校获得 2 金的好成绩(表 6-6)。

表 6-6　2022 年伦敦国际发明暨贸易展 ITE 项目(国际级)获奖情况

序号	作品名称	作者	单位/学校	获奖情况
1	野外考古专用护理箱	张云逸、易佳星、王梓屹、秦有才	长沙市周南梅溪湖中学、长沙市长雅中学	金奖
2	新冠病人远程监测枕头	张云逸、刘家玮、肖荷花	长沙市周南梅溪湖中学、长沙市雨花区金海中学	金奖

(11)2022 年 8 月，学校学生杨程皓等同学的作品“基于差异化的水库安全泄洪方法研究”，获湖南省创新大赛二等奖。

(12)2022 年 6 月，学校学生张云逸等“水灾后淤泥分布图的智能化测绘及制作系统”获第五届 CRH 杂交水稻杯机器人创客大赛省一等奖。

(13)2022 年 6 月，学校学生张云逸等“基于远程传输的新冠病人专用枕头”获第五届中国(上海)国际发明创新展览会金奖。

(14)2022 年 6 月，学校学生张云逸等“无人机智能规划的灾后淤泥分布图测绘装置”获第五届中国(上海)国际发明创新展览会金奖。

（15）2021 年 4 月，中国（上海）国际发明创新展览会暨“未来发明家国际选拔赛”，学校取得 3 金的好成绩（表 6–7）。

表 6–7　2021 年中国（上海）国际发明创新展览会暨“未来发明家国际选拔赛”获奖情况

序号	类别	作品名称	作者	年级	获奖情况
1	发明作品	农村水库泄洪智能控制装置	符欣怡、文星程、周桢景、谢佳玄	初中	金奖
2	发明作品	野外文物考古专用护理箱	汤舒妍、陈曦辰、熊子毅、李常凌	高中	金奖
3	发明作品	应急状态下方舱医院型智能化护理装置	汤舒妍、罗宇洁、秦籽菡、王烨熙	高中	金奖

（16）2020 年 11 月，中国澳门国际创新发明展，学校取得 1 金 1 银的好成绩（表 6–8）。

表 6–8　2020 年中国澳门国际创新发明展获奖情况

序号	类别	作品名称	作者	年级	获奖情况
1	发明作品	智能化方舱医院医护单元	王烨熙、吴迪	高中	金奖
2	发明作品	兼具监控指挥功能的太阳能发光智能路锥	瞿卓、谢佳玄、刘星辰	高中	银奖

（17）2020 年 11 月，第二十四届全国发明展览会，学校取得 1 银 1 铜的好成绩（表 6–9）。

表 6–9　第二十四届全国发明展览会获奖情况

序号	类别	作品名称	作者	年级	获奖情况
1	发明作品	快装式环保型智能监控、指挥路锥	瞿卓、吴迪	初中	银奖
2	发明作品	应急状态下智能化病人医护单元	王烨熙、谢佳玄	高中	铜奖

(18)2020 年 5 月，湖南省青少年科技创新大赛，学校学生王烨熙等“方舱医院智能化护理单元”获得湖南省一等奖。

(19)2019 年 12 月，CRH 杂交水稻杯机器人创客大赛暨首届优秀科技创新成果展评活动中学校取得的好成绩见表 6-10。

表 6-10 2019 年 CRH 杂交水稻杯机器人创客大赛暨首届优秀科技创新成果展评活动获奖情况

序号	作品名称	作者	指导教师	获奖情况
1	一种无线取电式电力塔驱鸟装置	易佳星	秦有才	省一等奖
2	可提高交通管理效率的人行横道装置	黄储、彭佳、易佳星	吴万紫	省一等奖
3	水库泄洪河道预警器	朱子颖	叶双秋、秦有才	省一等奖
4	分离式 GPS 定位应急灯	汤舒妍、王烨熙	秦有才、肖荷花	省一等奖
5	建筑工地用雨水回收利用装置	刘昕阳、刘智灵	肖荷花	省一等奖
6	建筑构件表面缺陷智能检测设备	周思喆、刘智灵	刘任池	省一等奖
7	基于北斗功能的野外消毒除湿自救箱	易佳星、王宇萱	叶双秋、秦有才	省一等奖
8	基于 GPS 即时监控的电子防盗报警琐槽	文思哲、黄储、周思盼	秦有才、肖荷花	省一等奖
9	一种具有提神醒脑功能的学生用空气清新剂及其制备方法	李帛昀 汤舒妍 黎介睿	肖荷花、秦有才	省三等奖
10	一种方便清洗的升降式太阳能发电装置	易佳星	秦有才	省三等奖

续表6-10

序号	作品名称	作者	指导教师	获奖情况
11	一种自动旋转式家用盆栽器	李帛昀、彭佳	肖荷花	省二等奖
12	一种金属材质斜面力学演示装置	徐子良	肖荷花	省二等奖
13	一种便于清洁的家用手推式自动清扫装置	李帛昀、肖荷花	周军苏	省二等奖

(20)2019 年 12 月，中国台湾国际发明暨设计展学校获奖情况见表 6-11。

表 6-11　2019 年中国台湾国际发明暨设计展作品获奖情况

序号	作品名称	作者	指导教师	获奖情况
1	工棚房雨水降温收集装置	刘欣阳、刘智灵、周思喆	肖荷花、刘任池	金奖
2	智能驱鸟护鸟装置	汤舒妍、王烨熙、易佳星	秦有才	金奖

(21)2019 年 11 月，学校第二十一届全国发明展获奖情况见表 6-12。

表 6-12　第二十一届全国发明展作品获奖情况

序号	作品名称	作者	指导教师	专利号	获奖情况
1	无线取电式电力塔驱鸟装置	易佳星、黎介睿、汤舒妍	秦有才、刘任池	2018220955165	金奖
2	带 GPS 定位的分离式应急灯	汤舒妍、王烨熙、周天悦	秦有才、肖荷花	2018213457771	银奖
3	建筑工地用雨水回收利用装置	刘昕阳、刘智灵	肖荷花	2019209255432	铜奖

(22)2019 年 11 月，湖南省青少年科学调查体验活动，学校 2 件学生作品获一等奖、1 件学生作品获三等奖(表 6-13)。

表 6-13 2019 年湖南省青少年科学调查体验活动获奖情况

序号	作品名称	作者	指导教师	获奖情况
1	《探秘腐乳》科学实践活动报告	周南梅溪湖中学	吴万紫	一等奖
2	玩转科学 快乐成长	周南梅溪湖中学	秦有才	一等奖
3	我们的玩转科学之科技制作活动	徐子良	秦有才	三等奖

(23) 2019 年 10 月，学校第七届中国澳门国际创新发明展获奖情况见表 6-14。

表 6-14 第七届中国澳门国际创新发明展获奖情况

序号	作品名称	作者	指导教师	专利号	获奖情况
1	电力塔架驱鸟装置	易佳星、王海融	秦有才、刘任池	2018220955165	金奖
2	可拆分式 GPS 消防应急灯	刘昕阳、陈帅、周天悦	秦有才、张红霞	2018213457771	金奖

(24) 2019 年 8 月，第十五届宋庆龄少年儿童发明奖，学校学生罗文淇在全国人工智能(编程)项目大赛高中组总分第一名，摘得金奖。

(25) 2019 年 5 月，湖南省第 40 届青少年科技创新大赛，学校 2 件学生作品均获二等奖(表 6-15)。

表 6-15 湖南省第 40 届青少年科技创新大赛获奖情况

序号	作品名称	作者	指导教师	获奖情况
1	可提高交通管理效率的人行横道装置	彭佳、黄储	肖荷花、秦有才	二等奖
2	科学 DV“豆腐的蜕变——腐乳”	覃咸勋、唐麟沙、郑任	吴万紫、蒋开亮	二等奖

(26) 2019 年 5 月，第 118 届法国蒙彼利埃国际发明展览会，学校学生作品“基于 GPS 功能的野外消毒除湿自救箱”获铜奖。

(27) 2019 年 5 月，第十届“北斗杯”全国青少年科技创新大赛，学校学生易佳星、彭佳等作品“基于北斗功能的野外消毒保干装置”获得三等奖。

(28)2019 年 4 月，中国(上海)国际发明创新展览会，学校学生获得 4 金 1 银的好成绩(表 6-16)。

表 6-16　2019 年中国(上海)国际发明创新展览会获奖情况

序号	作品名称	作者	指导教师	获奖情况
1	具有自救功能的野外消毒保干装置	易佳星、王宇萱	叶双秋、肖荷花、秦有才	金奖
2	基于现代通信的水库泄洪报警及救助装置	朱子颖	秦有才、叶双秋、刘任池	金奖
3	基于 GPS 定位的“中国式过马路”解决装置	汤舒妍、刘昕阳	肖荷花、叶双秋、秦有才	金奖
4	考古专用车箱体	王宇萱、易佳星、汤舒妍	叶双秋、秦有才、彭友云	金奖
5	具有远程防盗报警功能的锁槽装置	刘昕阳、黎介睿	秦有才、叶双秋	银奖

(29)2018 年 12 月，中国台湾国际发明暨设计展，学校学生获得 2 项金奖(表 6-17)。

表 6-17　2018 年中国台湾国际发明暨设计展获奖情况

序号	作品名称	作者	指导教师	获奖情况
1	带有电子防盗报警的家用锁槽装置	易佳星、黄储、彭佳、谭浩夫	秦有才、姚灿	金奖
2	可提高交通管理效率的人行横道装置	彭佳、黄储、易佳星、谭浩夫	肖荷花	金奖

(30)2018 年 12 月，教育部 2018 年度军事课教学展示(机器人)项目，学校学生陈炫宇、宋哲逸、李嘉仪、黄嘉怡获第一名的好成绩。

(31)2018 年 11 月，第十四届宋庆龄少年儿童发明奖，学校学生杨周凡“空气净化型智能温控风扇”，学校学生李帛昀、刘之洋“可移动型日常用品消毒箱”均获得二等奖。

(32)2018 年 11 月，湖南省青少年科学调查体验活动，学校 2 件学生作品获一等奖(表 6-18)。

表 6-18　2018 年湖南省青少年科学调查体验活动获奖情况(学生)

序号	作品名称	作者	指导教师	获奖情况
1	又见鸟语花香时	徐子良	秦有才	一等奖
2	具有即时操作功能的野外除湿消毒箱	胡沐阳	秦有才、肖荷花	一等奖

(33)2018 年 10 月，第九届全国青少年科学影像节，学校 4 件学生作品获得全国三等奖(表 6-19)。

表 6-19　第九届全国青少年科学影像节获奖情况

序号	作品名称	作者	指导教师	获奖情况
1	辨地花香	张丁懿	万仁敏	全国三等奖
2	豆腐的蜕变——腐乳	覃咸勋、唐麟沙、郑任	吴万紫、蒋开亮	全国三等奖
3	口香糖大作战	郭易、周郎、刘禹博	万仁敏、秦有才	全国三等奖
4	神奇的勺子	刘昕阳、杨济福	万仁敏、武涛	全国三等奖

(34)2018 年 9 月，第十五届湖南省中小学机器人竞赛中，学校学生罗文淇、石洋获二等奖。

(35)2018 年 9 月，中国发明协会第十届国际发明展览会，学校学生获 2 金 1 银的好成绩(表 6-20)。

表 6-20　中国发明协会第十届国际发明展览会获奖情况

序号	作品名称	作者	指导教师	获奖情况
1	具有即时操作功能的野外消毒除湿箱	徐子盈、易佳星、胡沐阳、刘之洋	肖荷花、秦有才	金奖

续表6-20

序号	作品名称	作者	指导教师	获奖情况
2	手持式高精度微型收割机	易佳星、徐子盈、杨澳欣	秦有才	金奖
3	绿色节能旋转式盆栽器	陈仁灏、王子豪、李帛昀	肖荷花	银奖

(36)2018 年 7 月，中国澳门国际创新发明展览会，学校学生获得 1 金 1 银的好成绩(表 6-21)。

表 6-21　2018 年中国澳门国际创新发明展览会获奖情况

序号	作品名称	作者	指导教师	获奖情况
1	具有除湿和双重消毒功能的日常用品消毒箱	李雨轩、刘之洋、李帛昀	秦有才、肖荷花、姚灿	金奖
2	自动旋转式家用盆栽器	李帛昀、彭佳	秦有才、肖荷花	银奖

(37)2018 年 4 月，第二届中国(上海)国际发明创新展览会，学校学生获得 3 金 1 银的好成绩(表 6-22)。

表 6-22　第二届中国(上海)国际发明创新展览会获奖情况

序号	作品名称	作者	指导教师	专利号	获奖情况
1	具备均匀光照功能的低噪无尘磨墙机	彭佳、温馨	肖荷花、秦有才	专利号：2017202869453	国际金奖
2	滚动式多途径日用品消毒箱	李帛昀、刘之洋	秦有才、肖荷花	专利号：2017200111234	国际金奖
3	建筑构件表面缺陷智能检测设备	宋承俊、李帛昀、朱嘉懿	秦有才、吴万紫、戴启迪	专利号：2017205290141	国际金奖

续表6-22

序号	作品名称	作者	指导教师	专利号	获奖情况
4	空气净化型智能温控电风扇	李宇轩、杨周凡	肖荷花、吴万紫、秦有才	专利号：2016211073250	国际银奖

（38）2018 年 1 月，全国“小小科学家”少年儿童科学教育体验活动中，学校学生获奖名单见表 6-23。

表 6-23　2018 年全国“小小科学家”少年儿童科学教育体验活动学生获奖情况

序号	姓名	组别	科目	指导教师	获奖情况
1	陈　阳	物理	初中组	肖荷花	十佳选手
2	陈　阳	物理	初中组	肖荷花	一等奖
3	谭泽霖	物理	初中组	肖荷花	一等奖
4	孙艺修	物理	初中组	肖荷花	二等奖
5	黄凯文	化学	初中组	秦有才、蒋开亮	三等奖
6	宋承俊	化学	初中组	秦有才、蒋开亮	三等奖
7	彭　佳	化学	初中组	秦有才、蒋开亮	三等奖

（39）2017 年 12 月，第一届湖南省“小小科学家”少年儿童科学教育体验活动获得 4 金 2 铜的优异成绩（表 6-24）。

表 6-24　第一届湖南省“小小科学家”少年儿童科学教育体验活动获奖情况

序号	姓名	组别	科目	指导教师	获奖情况
1	陈阳	初中组	物理	肖荷花	一等奖
2	孙艺修	初中组	物理	肖荷花	一等奖
3	谭泽霖	初中组	物理	肖荷花	一等奖
4	黄凯文	初中组	化学	秦有才、蒋开亮	一等奖
5	宋承俊	初中组	化学	秦有才、蒋开亮	一等奖
6	彭　佳	初中组	化学	秦有才、蒋开亮	三等奖
7	邓文博	初中组	化学	秦有才、蒋开亮	三等奖

(40)2017 年 11 月，第二十二届全国发明展览会，学校获 2 银 2 铜的好成绩(表 6-25)。

表 6-25　第二十二届全国发明展览会获奖情况

序号	作品名称	作者	指导教师	获奖情况
1	可自动调节光照度的低噪无尘磨墙机	温馨、姚闻远	秦有才、肖荷花	银奖
2	智能化乡村公路红绿灯信号管理装置	张馨予、李帛昀	秦有才、肖荷花	银奖
3	多途径滚动式日常用品消毒箱	刘之洋、张紫馨	秦有才、肖荷花	铜奖
4	大型工程构件平整度智能检测标示设备	朱嘉懿、李帛昀、温馨	秦有才、戴启迪 吴万紫、肖荷花	铜奖

(41)2017 年 11 月，第八届全国青少年科学影像节，学校学生作品“暖宝宝的真相”获全国二等奖。

(42)2017 年 11 月，第二十三届宋庆龄少年儿童发明奖，学校 6 件学生作品获得湖南省一、二等奖(表 6-26)。

表 6-26　第二十三届宋庆龄少年儿童发明奖获奖情况

序号	作品名称	作者	指导教师	获奖情况
1	基于卫星实时监控的过境道路十字路口智能交通指挥系统	谭浩夫 黄冰璐	秦有才	省一等奖
2	新型日常用品消毒箱	刘之洋 陶　晔	秦有才	省二等奖
3	无需更换摆锤冲击试验机挂摆机构	刘之洋	肖荷花	省二等奖
4	一种降噪并加装 LED 照明的无尘磨墙机	温　馨	肖荷花	省二等奖
5	大型水泥构件表面缺陷检测与标示装置	朱嘉懿	秦有才	省二等奖
6	汽化、液化的吸放热特征实验装置	黎介睿	肖荷花	省二等奖

(43)2017 年 6 月，“怡雅杯”第 12 届全国青少年教育机器人奥林匹克竞赛，学校学生徐子良、黄凯文作品“千人创客同造机器人”获华中赛区一等奖。

(44)2017 年 5 月，学校学生刘之洋、朱嘉懿的作品“北斗实时监控型农村过境干道十字路口智能交通指挥系统”获“北斗杯”全国青少年科技创新大赛二等奖。

(45)2017 年 4 月，学校学生温馨等的“大型水泥构件表面缺陷的检测与标示装置”获湖南省青少年科技创新大赛一等奖，同时学校获得湖南省科技创新“十佳集体”称号。

(46)2017 年 4 月，中国(上海)国际发明创新展览会，学校学生获得 2 金 2 银的好成绩(表 6-27)。

表 6-27 2017 年中国(上海)国际发明创新展览会获奖情况

序号	作品名称	作者	指导教师	获奖级别	获奖情况
1	蒸馏实验的个性化装置	刘星辰、温馨	秦有才	国际级	金奖
2	基于卫星实时监控的农村过境道路十字路口智能交通指挥系统	刘之洋、朱嘉懿	秦有才、肖荷花	国际级	金奖
3	环保型智能电风扇	刘星辰	肖荷花、秦有才	国际级	银奖
4	无需更换摆锤的金属摆锤冲击试验机挂摆机构	刘之洋	肖荷花	国际级	银奖

(47)2016 年 12 月，2015 年全国中小学生微视频征集活动，学校成绩优异具体获奖情况见表 6-28。

表 6-28 2015 年全国中小学生微视频征集活动获奖情况

序号	作品名称	作者	指导教师	获奖情况
1	“中国梦——行动有我”2015 年全国中小学生微视频征集展播《青春有梦》	刘涛、曹歆媛、毛涵	万仁敏	部精品微视频

续表6-28

序号	作品名称	作者	指导教师	获奖情况
2	“中国梦——行动有我”2015 年全国中小学生微视频征集展播《青春有梦》	刘涛、曹歆媛、毛涵	万仁敏	最佳剪辑奖
3	“中国梦——行动有我”2015 年全国中小学生微视频征集展播《青春有梦》	刘涛、曹歆媛、毛涵	万仁敏	最佳创意奖
4	“中国梦——行动有我”2015 年全国中小学生微视频征集展播《青春有梦》	刘涛、曹歆媛、毛涵	万仁敏	最佳指导奖

(48)2016 年 12 月，第 6 届全国校园发明创意大赛，学校学生获得 3 金 4 银 1 铜的优异成绩(表 6-29)。

表 6-29　第 6 届全国校园发明创意大赛获奖情况

序号	作品名称	作者	指导教师	获奖情况
1	智能型环保电风扇	杨周凡、陶晔、张紫馨	秦有才	金奖
2	周南梅溪湖中学太空架豆种植体验活动报告	温馨杨、周凡、郑伊康等	秦有才、李素云	金奖
3	周南梅溪湖中学校园“梅文化”建设情况的调查与思考	温馨、廖宇妍、蔡子璇等	秦有才、曾槐、肖荷花	金奖
4	汽化、液化的吸放热特征实验装置	黎介睿、谭弘毅	肖荷花	银奖
5	智能超声波风速风向测量仪	温馨、罗晓	肖荷花、秦有才、黄小满	银奖
6	金属摆锤冲击试验机的挂摆机构	刘之洋、吴垚蓉	秦有才	银奖
7	请规范公共场所的科普知识空间	文加质	秦有才、王剑湘	银奖
8	迷你吸尘器	田方斌	秦有才	铜奖

(49)2016 年 11 月，第七届全国青少年科学影像节，学校获 2 项全国三等奖(表 6-30)。

表 6-30　第七届全国青少年科学影像节获奖情况

序号	作品名称	作者	指导教师	获奖情况
1	让我们都能带走一次性生活用品	谭弘毅、郑伊康、杨周凡	秦有才、万仁敏	全国三等奖
2	杨梅的酸与红	彭嘉骏、刘舒逸	秦有才 万仁敏	全国三等奖

(50)2016 年 10 月，第 9 届中国国际发明展览会，学校获得 2 银 1 铜的好成绩(表 6-31)。

表 6-31　第 9 届中国国际发明展览会获奖情况

序号	作品名称	作者	指导教师	获奖情况
1	智能、环保电风扇	杨周凡	秦有才、肖荷花	国际银奖
2	智能超声波风速风向测量仪	温馨、童湘瑜、蔡子璇	肖荷花、秦有才、黄小满	国际银奖
3	个性化新型化学实验蒸馏装置	温馨、蔡子璇、童湘瑜	秦有才	国际铜奖

(51)2016 年 8 月，第十二届宋庆龄少年儿童发明奖学校获奖情况见表 6-32。

表 6-32　第十二届宋庆龄少年儿童发明奖获奖情况

序号	作品名称	作者	指导教师	获奖情况
1	电热切割器	周楚皓	秦有才	省二等奖
2	迷你吸尘器	田方斌	秦有才	省二等奖
3	高科技隐形眼镜	肖润岷	秦有才	省二等奖

(52)2016 年 8 月，全国青少年科技创新大赛，学校学生黄可迪的论文《萃取法处理电镀产品的斑点问题》获得全国三等奖。

(53)2016 年 5 月，学校学生刘涛、曹歆媛、毛涵参加“中国梦——行动有我”2015 年全国中小学生微视频征集展播“青春有梦”获高中组省一等奖。

(54)2016 年 5 月，第十七届湖南省中小学电脑制作活动电脑作品获奖名单见表 6–33。

表 6–33　第十七届湖南省中小学电脑制作活动电脑作品获奖情况

序号	项目	作品名称	作者	指导教师	组别	获奖情况
1	电脑绘画	盒子里的奇妙世界	王伊昕	唐思敏	初中组	一等奖
2	网页设计	梅沁周梅	李宇鑫	陈川	初中组	一等奖

(55)2016 年 5 月，学校学生廖宇妍、曾逸晨、周林杰“基于北斗信号转发的地下井井况智能监控报警装置”获得“北斗杯”全国青少年科技创新大赛三等奖、中南赛区一等奖。

(56)2016 年 4 月，学校第 37 届湖南省青少年科技创新大赛获奖情况见表 6–34。

表 6–34　第 37 届湖南省青少年科技创新大赛获奖情况

序号	作品名称	作者	指导教师	获奖情况
1	萃取法处理电镀产品的斑点问题	黄可迪	秦有才、喻彬	一等奖
2	以梅铸魂　同心筑梦——长沙市周南梅溪湖中学“梅文化”建设情况的调查与思考	周南梅溪湖中学 G1501 班	秦有才、曾槐、肖荷花	一等奖

(57)2015 年 11 月，第二十一届宋庆龄少年儿童发明奖，学校学生丁熠程“家用蓄电器”、学校学生肖洁月“电磁千斤顶”均获得湖南省二等奖。

三、学校师生专利申请情况

周南梅溪湖中学师生专利申请情况见表 6–35。

表 6–35　周南梅溪湖中学师生专利申请情况

序号	专利名称	发明人	专利号	专利类型
1	防倒流潜水泵	秦有才	2015201026653	实用新型
2	新型耐用潜水泵	秦有才、甘子健、戴斌	2015207737930	实用新型

续表6-35

序号	专利名称	发明人	专利号	专利类型
3	一种防误踩安全油门	丁熠程、廖宇妍、秦有才	2015209051494	实用新型
4	一种新型机滚浪耙船	秦有才	2015209059299	实用新型
5	一种智能型物理实验用打点计时器	温馨	2016204560187	实用新型
6	一种智能超声波风速风向测量仪	温馨	2016204560238	实用新型
7	一种智能超声波风速风向测量仪	温馨	201610982314. 5	发明专利
8	一种化学实验蒸馏装置	温馨	201620289645. 3	实用新型
9	一种多功能 LED 照明灯	温馨	2016209662384	实用新型
10	一种环保型室内水循环空气净化装置	温馨	201620891346. 7	实用新型
11	一种化学用药剂研磨装置	温馨	2016212572398	实用新型
12	一种新型化学实验酒精灯	罗晓、秦有才	2016206323970	实用新型
13	一种智能家用电风扇	杨周凡	2016211073250	实用新型
14	一种学生宿舍多功能警报装置	童湘瑜、秦有才	2016211073462	实用新型
15	一种高中女生用护身装置	喻睿、秦有才	2016211228889	实用新型
16	一种简易红薯快速清洗机	刘万昕、秦有才	2016211240198	实用新型
17	一种多功能组合式应急日常照明灯	蔡子璇	2016211244108	实用新型
18	一种电力用新型多功能电力工具悬挂柜	罗晓	2016209477754	实用新型
19	一种带加湿功能的车载空气净化器	喻睿	2016211586124	实用新型

续表6-35

序号	专利名称	发明人	专利号	专利类型
20	一种金属摆锤冲击试验机的挂摆机构	刘之洋、陶晔	201720826945.3	实用新型
21	一种日常用品新型消毒箱	陶晔、刘之洋	201720011123.4	实用新型
22	一种超声波风速风向测量装置	温馨	201720065468.8	实用新型
23	一种降噪并加装LED照明的无尘磨墙机	温馨	201720286945.3	实用新型
24	一种农村多楼层家庭节水系统	吴湘仪、秦有才	201720293170.2	实用新型
25	一种节能灯用快速装卸器	黎介睿	201720293140.1	实用新型
26	一种大型水泥构件表面缺陷的检测与标示装置	温馨	201720307650.X	实用新型
27	一种纸筒自动切割设备	费淏、秦有才	201720328300.1	实用新型
28	一种带有电子防盗报警的家用锁槽装置	黄冰璐、谭浩夫	201720413061X	实用新型
29	一种可提高交通管理效率的人行横道装置	谭浩夫、黄冰璐	201720527338.1	实用新型
30	一种用于交通指挥的快速装卸式太阳能发光路锥	刘星辰、刘勇	201720527919.5	实用新型
31	一种大型预制构件表面缺陷检测与标示装置	朱嘉懿、秦有才	201710336258.2	发明专利
32	一种大型预制构件表面缺陷检测与标示装置	朱嘉懿、秦有才	201720529014.1	实用新型
33	一种势能转变为动能的模拟实验设备	刘星辰	201720694088.0	实用新型
34	一种学生用物理实验台	肖荷花	201720722351.2	实用新型
35	一种超声波风速风向测量装置	温馨	2017200654688	实用新型
36	一种化学教学辅助教具	谭志刚	201721125367.1	实用新型

续表6-35

序号	专利名称	发明人	专利号	专利类型
37	一种双液体试剂定量混合装置	刘之洋、秦有才	201721174901.8	实用新型
38	一种便于清洁的家用手推式自动清扫装置	李帛昀、肖荷花	201820526796.8	实用新型
39	一种自动旋转式家用盆栽器	李帛昀、秦有才	201820526790.0	实用新型
40	具有提神醒脑功能的学生用空气清新剂及其制备方法	李帛昀、肖荷花	201810610115.0	发明专利
41	一种园林绿植用缓释肥料及其制备方法	李帛昀、秦有才	201810609489.0	发明专利
42	一种手持式高精度实验用收割机	杨澳欣、秦有才	201821116527.0	实用新型
43	一种带避震功能的简易电动轮椅	杨澳欣、秦有才	201820113423.4	实用新型
44	一种可拆分式带 GPS 的消防应急灯	周天悦	201821345777.1	实用新型
45	一种方便清洗的升降式太阳能发电装置	易佳星	201822094326.1	实用新型
46	一种用于电力塔架的智能驱鸟装置	易佳星	201822095516.5	实用新型
47	追击运动试验器	徐子良	201810259014.1	发明专利
48	追击运动试验器	徐子良	201820013245.6	实用新型
49	化学方程式辅助掌握趣味装置	徐子良	201810362457.6	发明专利
50	化学方程式辅助掌握趣味装置	徐子良	201820463251.5	实用新型
51	一种金属材质斜面力学演示装置	徐子良	201820950124.6	实用新型
52	一种 LED 装饰小彩灯用安装挂件	文思哲、秦有才	201910013114.2	发明专利
53	一种生活污水防治用处理剂	文思哲、秦有才	201910013121.2	发明专利

续表6-35

序号	专利名称	发明人	专利号	专利类型
54	基于 WPS 功能的野外消毒保干装置	易佳星	201920242086. 7	实用新型
55	基于 WPS 功能的野外消毒保干装置	易佳星	201910142696. 4	发明专利
56	野外考古专用护理箱	王宇萱	201910295788. 6	发明专利
57	基于现代通信的水库泄洪报警及救助装置	朱子颖	201910510746. X	发明专利
58	一种建筑工地用雨水回收利用装置	刘昕阳、肖荷花	201920925543. 2	实用新型
59	一种出汁率高的自动榨汁机	秦笑萱、秦有才	201921020463. 9	实用新型
60	一种大件物流使用的电动车载固定设备	黄储	201921673311. 9	实用新型
61	一种活动隔断式特种医用物资储运专用车厢体	瞿卓	202020509985. 1	实用新型
62	一种活动隔断式特种医用物资储运专用车厢体	瞿卓	202010275237. 6	发明专利
63	一种汽车尾气中二氧化硫吸收装置	瞿卓	202020845401. 8	实用新型
64	应急状态下医院智能化护理系统	李昊、秦有才	202010442216. 9	发明专利
65	应急状态下医院智能化护理系统	李昊、秦有才	202020875832. 9	实用新型
66	一种用于病人监测的多功能枕头	张云逸	202210562108. 4	发明专利
67	一种用于病人监测的多功能枕头	张云逸	202221242731. 3	实用新型
68	一种淤泥面积测量装置	张云逸、肖荷花、秦有才	202320275931. 7	实用新型

续表6-35

序号	专利名称	发明人	专利号	专利类型
69	一种淤泥面积测量装置	张云逸、肖荷花、秦有才	202310146229.5	发明专利
70	一种水利发电循环演示装置	林子皓、肖荷花	202310088378.0	发明专利
71	一种水利发电循环演示装置	林子皓、肖荷花	202320165291.4	实用新型

第二节　周南梅溪湖中学科技创新作品发表与媒体报道

一、周南梅溪湖中学科技创新作品发表情况

学校科技创新作品发表情况见表 6-36。

表 6-36　学校科技创新作品刊登情况表

序号	作者	标题	发表刊物	发表时间
1	廖宇妍、丁熠程	汽车酒驾自动控制装置：让酒驾远离车主	科学启蒙	2016 年第 5 期
2	温馨、范逸伦	新型机滚浪耙船	第二课堂	2016 年 8 月
3	温馨	化学实验蒸馏装置的改进	发明与创新	2016 年第 10 期
4	温馨	化学实验蒸馏装置的新设计	求学	2016 年 12 月
5	郑伊康	我的木琴，我的创新	科学启蒙	2017 年第 3~4 期
6	刘之洋	农村过境道路十字路口智能交通指挥系统	第二课堂	2017 年 5 月
7	温馨、杨周凡等	太空架豆种植体验活动	第二课堂	2017 年 5 月
8	温馨	我看二十四节气	求学 · 素材版	2017 第 5 期
9	郑伊康	我的木琴，我的创新	第二课堂	2017 年 7 月

续表6-36

序号	作者	标题	发表刊物	发表时间
10	谢飞宇、温馨	智能超声波风速风向测量仪	第二课堂	2017 年 8 月
11	刘之洋、黎介睿	自制吸放热演示装置	第二课堂	2018 年 3 月
12	文加质	巴黎紫翅椋鸟与湖南紫翅椋鸟的比较	高中生 · 天天向上	2018 年第 12 期
13	彭佳等	自动旋转式家用盆栽器	科学启蒙	2019 年第 2 期
14	易佳星、彭佳	具有即时操作功能的野外消毒除湿箱	科学启蒙	2019 年第 5 期
15	文加质、徐子良	又见鸟语花香时	科学启蒙	2019 年第 6 期
16	刘智灵	刘智灵：创新源于生活	科学启蒙	2020 年第 6 期
17	易佳星、汤舒妍、王海融	无线取电式电力塔架驱鸟装置	科学启蒙	2020 年第 7 期
18	秦有才	中小学科技辅导员队伍现状分析及对策思考	创造天地	2020 年第 1 期
19	易佳星、秦籽菡、熊子毅	野外考古文物专用护理箱	科学启蒙	2020 年第 11 期
20	王烨熙、李昊、秦籽菡	方舱医院智能化护理单元	第二课堂	2020 年第 11 期
21	瞿卓、熊子毅	太阳能发光智能监控指挥路锥	第二课堂	2020 年第 11 期
22	瞿卓、熊子毅、秦籽菡	活动隔断式特种医用物资储运专用车厢体	第二课堂	2020 年第 12 期
23	秦有才、肖荷花	评奖要以学生"力所能及"为原则	发明与创新	2021 年第 1 期

二、周南梅溪湖中学科技创新教育情况相关报道

学校科技创新教育情况相关报道见表 6-37。

表 6-37　学校科技创新教育情况相关报道

序号	报道时间	媒体名称	类别	级别	标题(或主要内容)	报道对象/内容	作者
1	2015-11-22	凤凰网	网站	国际级	长沙初一学生给市长写信：发现展示馆知识性错误	文加质	黄秋霞
2	2015-11-22	湖南教育网	网站	省级	长沙初一学生给市长写信：发现展示馆知识性错误	文加质	黄秋霞
3	2015-12-15	湖南教育网	网站	省级	周梅学生：我观测到了斑头秋沙鸭	文加质	李立功
4	2015-12-20	省教育电视台	电视	省级	中学生设计机器人能扫地，获国际金奖	学校、戴启迪	梁媛等
5	2015-12-28	湖南教育网	网站	省级	[长沙]周南梅溪湖中学科技创新获多项国际奖	学校、科技创新	秦有才、王露曼
6	2015-12-29	湖南日报	报纸	省级	1 分 40 秒，1100 余名学生“安全撤离”	学校	金慧、姚学文
7	2015-12-30	省教育电视台	电视	省级	长沙开展中小学生地震应急疏散示范演练	学校	梁媛等
8	2015-12-30	长沙晚报	报纸	市级	地震逃生：快速猫腰护头	学校	王亮
9	2015-12-31	湖南青少年科技创新网	网站	省级	长沙市中小学地震应急疏散演练在周南梅溪湖中学举行	学校	秦有才、王亮
10	2015-12-31	长沙市地震局	网站	市级	长沙市在周南梅溪湖中学举行示范性地震应急疏散演练	学校	秦有才、王亮

续表6-37

序号	报道时间	媒体名称	类别	级别	标题(或主要内容)	报道对象/内容	作者
11	2016-01-05	湖南教育网	网站	省级	[长沙]全市中小学地震应急演练在周梅中学举行	学校	秦有才、王亮
12	2016-01-08	省教育电视台	电视	省级	2016高校高水平运动队招生：中学生运动员培训精准对接高校需求	梁振星	梁媛等
13	2016-03-28	红网	网站	省级	航天知识科普进长沙校园 大天文学家给中学生开讲座	学校	周丹
14	2016-03-29	省教育电视台	电视	省级	航天科普进校园	活动	聂易慧、李杨
15	2016-03-29	湖南教育网	网站	省级	院士专家校园行在周南梅溪湖中学举办	活动	秦有才
16	2016-03-29	长沙晚报	报纸	市级	院士专家走进长沙校园聊火箭发射那些事	活动	岳霞、徐媛
17	2016-04-21	搜狐	网站	国家级	湖南知识产权宣传进校园 首个中学生创客工作室成立	活动	王敏
18	2016-04-21	红网	网站	省级	湖南知识产权宣传进校园首个中学生创客	活动	王敏
19	2016-04-21	三湘都市报	报纸	省级	我省成立首个中学生“创客工作室”	文加质	李琪
20	2016-04-22	中国文明网	网站	国家级	湖南知识产权宣传进校园首个中学生创客工作室成立	活动	何佳玲
21	2016-04-22	湖南省知识产权局网	网站	省级	红网：湖南知识产权宣传进校园 首个中学生创客工作室成立	活动	王敏

续表6-37

序号	报道时间	媒体名称	类别	级别	标题(或主要内容)	报道对象/内容	作者
22	2016-04-28	湖南教育网	网站	省级	[长沙]周南梅溪湖中学获省创新大赛两项一等奖	学校	秦有才
23	2016-04-28	湖南省青少年科技创新网	网站	省级	周南梅溪湖中学喜获省创新大赛两项一等奖	创新大赛	秦有才、肖荷花
24	2016-04-29	湖南省青少年科技创新网	网站	省级	周南梅溪湖中学举行创客工作室成立授牌仪式暨“湖南省知识产权进校园”活动	活动	秦有才、梅惠宇
25	2016-05-03	湖南教育网	网站	省级	[长沙]周梅中学戴启迪获全国机器人教学一等奖	戴启迪	秦有才
26	2016-05-08	红网、湖南日报、长沙晚报等	报纸、网站	省级	第九届长沙市青少年机器人竞赛系列报道	学校	陈飞
27	2016-05-08	三湘都市报	报纸	省级	700孩子玩机器人拼创意	机器人竞赛	黄京、李文婷
28	2016-05-08	湖南教育新闻网	网站	省级	第九届长沙市青少年机器人竞赛在周南梅溪湖中学开幕	机器人竞赛	陆阳、李文婷
29	2016-05-08	长沙晚报	报纸	市级	青少年机器人竞赛开赛　728名选手奇思妙想玩转编程	机器人竞赛	徐媛
30	2016-05-09	潇湘晨报	报纸	市级	行李箱会走路还能自动开关	机器人竞赛	沈颢
31	2016-05-01	湖南教育	杂志	省级	周南梅溪湖中学叶双秋校长访谈录	叶双秋	黄珺、赖斯捷
32	2016-05-10	红网、湖南日报、长沙晚报等	报纸、网站	国家级、省级、市级	各大新闻媒体竞相报道学校成立中学生工作室	学校、文加质	刘璋景、陆阳

续表6-37

序号	报道时间	媒体名称	类别	级别	标题(或主要内容)	报道对象/内容	作者
33	2016-05-10	搜狐	网站	国家级	观鸟护鸟 做环保达人全国首个学生工作室成立	文加质	陆阳
34	2016-05-10	潇湘晨报	报纸	省级	初一爱鸟黑妞有了间工作室	文加质	辜鹏博
35	2016-05-10	红网	网站	省级	初一学生竟是鸟专家 湖南首个“学生工作室”成立	文加质	谭忠欣
36	2016-05-10	湖南教育新闻网	网站	省级	观鸟护鸟 做环保达人全国首个学生工作室成立	文加质	陆阳
37	2016-05-10	新湖南	网站	省级	[长沙]还记得给市长写信的长沙姑娘吗?她开工作室了	文加质	王晗
38	2016-05-10	长沙晚报	报纸	市级	长沙周南梅溪湖中学成立全国首个学生工作室	文加质工作室	徐媛
39	2016-05-11	凤凰网	网站	国际级	长沙初一学生成观鸟护鸟专家 学校为她设立工作室	文加质	王强、阳锡叶
40	2016-05-11	网易	网站	国家级	长沙“小鸟妹”成立观鸟护鸟工作室	文加质	刘璋景
41	2016-05-11	三湘都市报手机版	网站	省级	长沙“小鸟妹”成立观鸟护鸟工作室	文加质	刘璋景
42	2016-05-11	长沙晚报	报纸	市级	全国首个中学生工作室成立——护鸟女生“挑错”挑出大收获	文加质	徐媛
43	2016-05-11	长沙晚报网	网站	市级	让学生“当家”,湖南省首个中学生工作室成立	文加质	刘亮、汤佳

续表6-37

序号	报道时间	媒体名称	类别	级别	标题(或主要内容)	报道对象/内容	作者
44	2016-05-12	湖南省青少年科技创新网	网站	省级	周南梅溪湖中学“创客工作室”火了	学校	秦有才
45	2016-05-13	中国教育报	报纸	国家级	这个工作室的主人才上初一	文加质	王强、阳锡叶
46	2016-05-17	湖南教育电视台	电视	省级	为校园安全护航：心理宣泄室进校园 促进学生健康成长	学校	梁媛
47	2016-05-17	湖南教育新闻网	网站	省级	特级教师谈高考化学：这才是最后冲刺的正确打开方式	学校 秦有才	秦有才
48	2016-05-19	湖南省青少年科技创新网	网站	省级	秦有才、陈水章老师当选中国发明协会理事	秦有才	秦有才
49	2016-05-20	湖南教育网	网站	省级	周南梅溪湖中学首次参赛获一金二银	学校	秦有才
50	2016-05-23	湖南教育网	网站	省级	[长沙]周南梅溪湖中学首次参赛获一金二银	机器人竞赛	秦有才
51	2016-05-30	湖南教育新闻网	网站	省级	快来看！周南梅溪湖中学第二批太空架豆发芽了	活动	秦有才
52	2016-05-30	湖南省青少年科技创新网	网站	省级	【周南梅溪湖中学】：第二批太空架豆长出	活动	秦有才
53	2016-07-01	十几岁	杂志	省级	给学生时间空间，让创新种子萌芽	学校	武佳佳
54	2016-07-08	湖南教育网	网站	省级	周梅中学学子暑期在省图参与采编实践	学校	章仙踪

续表6-37

序号	报道时间	媒体名称	类别	级别	标题（或主要内容）	报道对象/内容	作者
55	2016-09-14	湖南教育电视台、湖南教育网	电视、网站	省级	名生工作室：第一次精彩的观鸟活动	学校	章仙踪
56	2016-09-15	凤凰网	网站	国际级	长沙文加质工作室户外观鸟：同学们鸟运好	文加质	章仙踪
57	2016-09-15	湖南教育网	网站	省级	长沙文加质工作室户外观鸟：同学们鸟运好	文加质	章仙踪
58	2016-09-15	张家界在线	网站	市级	[长沙]文加质工作室户外观鸟：同学们鸟运好	文加质	章仙踪
59	2016-09-16	红网	网站	省级	周南梅溪湖中学观鸟护鸟工作室观鸟活动丰富多彩	文加质	章仙踪
60	2016-09-19	湖南省教育电视台	电视	省级	鼓励学生求知创新，长沙一中心帮学生成立工作室	文加质	梁媛
61	2016-10-07	湖南省青少年科技创新活动服务平台	网站	省级	周南梅溪湖中学5件作品参展第九届国际发明展览会	学校	肖荷花
62	2016-10-07	湖南省青少年科技创新活动服务平台	网站	省级	中学生当家文加质观鸟护鸟工作室第一次观测活动报告	文加质工作室	秦有才
63	2016-10-12	湖南教育网	网站	省级	[长沙]周南梅溪湖中学推出新颖“全国科普日”活动	文加质工作室	秦有才

续表6-37

序号	报道时间	媒体名称	类别	级别	标题(或主要内容)	报道对象/内容	作者
64	2016-10-13	红网	网站	省级	长沙周南梅溪湖中学推出新颖“全国科普日”活动	文加质工作室	秦有才
65	2016-10-20	新华网	网站	国家级	青少年驾驶“战车”获得网络安全新技能	活动	谢樱
66	2016-10-20	新湖南客户端	网站	省级	[长沙]网络安全丨高科技形象演示“病毒威胁”	活动	姚学文、王露曼
67	2016-10-20	湖南教育网	网站	省级	湖南首个网络安全教育示范校在周南梅溪湖中学挂牌	活动	刘亮、王露曼
68	2016-10-20	湖南教育新闻网	网站	省级	“网络安全战车”驶入周南梅溪湖中学 中国行长沙站活动启动	活动	陆阳、李拜天、王露曼
69	2016-10-20	红网	网站	省级	“安全战车”首次进湘让网络安全意识“落地生根”	活动	谭忠欣
70	2016-10-20	华声在线	网站	省级	“青年之声·网络安全战车中国行”来到长沙学生登车体验	活动	邓桂明
71	2016-10-21	三湘都市报 A7	报纸	省级	驾驶“战车”获得网络安全新技能	活动	黄京、王露曼
72	2016-10-21	长沙晚报	报纸	市级	神奇“战车”“看透”黑客	活动	徐媛、陈飞、王露曼
73	2016-10-21	长沙晚报	报纸	市级	神奇“战车”“看透”黑客	活动	徐媛
74	2016-10-23	潇湘晨报	报纸	省级	2500 多名学生登上“网络安全战车”	活动	沈颢、王露曼
75	2016-10-23	湖南教育电视台	网站	省级	中学生乘坐“网络战车”学防骗技能	活动	梁媛

续表6-37

序号	报道时间	媒体名称	类别	级别	标题(或主要内容)	报道对象/内容	作者
76	2016-10-23	湖南教育电视台	电视	省级	中学生乘坐“网络战车”学防骗技能	文加质工作室	梁媛、潘登
77	2016-10-24	湖南省青少年科技创新活动服务平台	网站	省级	周梅中学喜获长沙市“全国高校科学营征文”特别奖	活动	秦有才、朱美珍
78	2016-10-27	湖南省青少年科技创新活动服务平台	网站	省级	【周南梅溪湖中学】“收获体验活动”给学生真体验	创客工作室	吴万紫、秦有才
79	2016-10-27	湖南教育新闻网	网站	省级	周南梅溪湖中学：“收获体验活动”给学生真体验	创客工作室	吴万紫、秦有才
80	2016-11-22	科学启蒙	杂志	省级	梅溪湖绽放科技之花	学校	石纪珍
81	2016-11-22	中国教育报	报纸、网站	国家级	秦有才：学生科技创新领路人	秦有才	王强
82	2016-12-01	《科学启蒙》杂志	杂志	省级	梅溪湖畔绽放科技之花	学校	石纪珍
83	2016第12期	发明与创新	杂志	省级	封面人物温馨	温馨	李瑚
84	2016-12-01	《发明与创新》杂志	杂志	省级	较劲的人生才有劲——访长沙市周南梅溪湖中学温馨	温馨	李瑚
85	2016第12期	发明与创新	杂志	省级	科创之花璀璨绽放——周南梅溪湖中学科技创新成绩骄人	学校	秦有才
86	2016-12-27	湖南教育新闻网	网站	省级	长沙周南梅溪湖中学：学生原创微电影《青春有梦》获“部级精品微视频”大奖	万仁敏、刘涛等	陆阳、秦有才

续表6-37

序号	报道时间	媒体名称	类别	级别	标题(或主要内容)	报道对象/内容	作者
87	2017-01-10	湖南教育网	网站	省级	12岁长沙女孩，满世界看鸟去	文加质	章清清
88	2017-01-10	今日女报	报纸	省级	12岁长沙女孩，满世界看鸟去	文加质	章清清
89	2017-02-07	中国教育报	报纸	国家级	“沉睡”的帐篷，请你快醒来——“观鸟小达人”的新年愿望	文加质	王强
90	2017-05-08	湖南教育新闻网	网站	省级	周南梅溪湖中学获省创新大赛省一等奖	学校	肖荷花
91	2017-05-09	今日女报	报纸	省级	高中生爱“找茬”：两年申请8项专利	温馨	章清清
92	2017-05-22	湖南省青少年科技创新活动网	网站	省级	周南梅溪湖中学获发明创新两金两银国际奖	学校	秦有才
93	2017-05-25	湖南省知识产权局官网	网站	省级	【长沙】周南梅溪湖中学获国际发明创新大奖	学校	秦有才
94	2017-05-26	湖南教育新闻网	网站	省级	周南梅溪湖中学：获两金两银国际发明创新大奖	学校	秦有才
95	2017-05-29	湖南教育电视台	电视	省级	周南梅溪湖中学：获两金两银国际发明创新大奖	学校	梁媛
96	2017-05-31	湖南教育网	网站	省级	长沙周梅中学启动“全国科技活动周”	学校	秦有才
97	2017-05-31	湖南教育新闻网	网站	省级	周南梅溪湖中学：“名学生”工作室又添新兵	温馨	陆阳、秦有才
98	2017-05-31	红网	网站	省级	打造缤纷科技校园　周南梅溪湖中学科技创新工作室成立	温馨	王露曼、吴万紫

续表6-37

序号	报道时间	媒体名称	类别	级别	标题(或主要内容)	报道对象/内容	作者
99	2017-05-31	湖南省青少年科技创新活动网	网站	省级	周南梅溪湖中学授牌“湖南省知识产权教育试点学校”	学校	秦有才
100	2017-05-31	湖南省青少年科技创新活动网	网站	省级	周南梅溪湖中学“2017年全国青少年科学调查体验活动启动仪式”和“温馨科技创新工作室成立授牌仪式”	温馨等	秦有才
101	2017-06-03	湖南省青少年科技创新活动网	网站	省级	周南梅溪湖中学接受“湖南省中小学科技创新教育基地”验收	学校	王露曼、秦有才、吴万紫
102	2017-06-06	全国科学调查体验活动官网	网站	国家	周南梅溪湖中学举行2017年全国青少年科学调查体验活动启动仪式	学校	秦有才
103	2017-06-07	湖南娱乐频道	电视	省级	17岁搞定八项发明，“别人家的孩子”温馨	温馨	秦有才
104	2017-06-09	杭州市淳安青少年活动中心官网	网站	县级	创新，并非遥不可及——秦有才老师赴杭州作专题讲座	秦有才	秦有才
105	2017-06-11	湖南省青少年科技创新活动网	网站	省级	中国发明协会理事秦有才老师到杭州进行科技创新讲座	秦有才	肖荷花
106	2017-06-15	湖南教育网	网站	省级	挂职藏族教师在周梅中学，创作出一个A类课题	学校	肖荷花、王露曼
107	2017-06-15	湖南教育新闻网	网站	省级	周南梅溪湖中学：山高水长 藏汉情深	学校	肖荷花、王露曼

续表6-37

序号	报道时间	媒体名称	类别	级别	标题(或主要内容)	报道对象/内容	作者
108	2017-06-15	长沙教育网	网站	市级	周南梅溪湖：山高水长藏汉情深——学校欢送西藏山南市来学校挂职的藏族教师	学校	秦有才
109	2017-06-15	红网	网站	省级	周南梅溪湖中学：山高水长 藏汉情深	学校	肖荷花、王露曼
110	2017-02-15	放学后	杂志	省级	宅男发明家	黄可迪	任凭、刘志平
111	2017-07-22	华声在线	网站	省级	长沙湘西两地学生携手体验“我爱绿色生活”	学校	邓桂明
112	2017-07-23	湖南教育电视台	电视	省级	两地学生携手体验“我爱绿色生活”	学校	梁媛
113	2017-07-24	三湘都市报	报纸	省级	两地学生调研长沙梅溪湖环境状况	学校	黄京等
114	2017-07-27	凤凰网	网站	国际	卓越浅水湾 & 周梅中学“绿色科学活动”圆满结束	学校	秦有才
115	2017-08	放学后	杂志	省级	温馨：“找茬”是一种习惯	温馨	姚瑶、秦有才
116	2017-09	长沙晚报	报纸	市级	爱思考爱发明，这个女孩不简单	温馨	李卓
117	2017-10-27	湖南省青少年科技创新活动网	网站	省级	周南梅溪湖中学收获体验活动“收获满满”	学校	秦有才、何垠、刘任池
118	2017-10-27	星辰在线	网站	市级	长沙学子体验现实版开心农场，红薯地里“疯狂寻宝”	学校	李楠、秦有才
119	2017-10-28	湖南教育新闻网	网站	省级	周南梅溪湖中学：体验活动“收获满满”红薯	学校	陆阳

续表6-37

序号	报道时间	媒体名称	类别	级别	标题（或主要内容）	报道对象/内容	作者
120	2017-12-12	湖南省青少年科技创新活动网	网站	省级	三天三发言，这所学校的科技创新了不得	学校	肖荷花、刘任池
121	2018-01-29	掌上长沙	网站	市级	化学老师秦有才捧回全国教改创新奖	秦有才	周和平
122	2018-03-17	红网	网站	省级	长沙 18 岁女生上演现实版最强大脑 包揽 28 项科技创新奖	温馨	曾蓓
123	2018-03-19	湖南教育新闻网	网站	省级	现实版最强大脑丨包揽 28 项科技创新奖还有自己的工作室，这个长沙妹子叫温馨	温馨	秦有才
124	2018-03-20	凤凰网	网站	国家级	长沙高三女生获 28项科技创新奖被称“科创疯子”	温馨	曾蓓
125	2018-03-20	人民网	网站	国家级	长沙高三女生获 28项科技创新奖被称“科创疯子”	温馨	曾蓓
126	2018-03-20	新华社客户端	网站	国家级	长沙一高三女生获 28 项科技创新奖	温馨	曾蓓
127	2018-03-20	华声在线	网站	省级	长沙高三女生获 28项科技创新奖 申请 9 项国家发明专利	学校	曾蓓
128	2018-03-20	三湘都市报	报纸	省级	长沙一高三女生获 28 项科技创新奖	温馨	秦有才
129	2018-03-21	湖南教育电视台	电视	省级	长沙 18 岁女生高中三年获 28 项科技创新奖	温馨	秦有才
130	2018-04-04	长沙晚报	报纸	市级	高中女生三年斩获 28 项科技创新奖	温馨	秦有才

续表6-37

序号	报道时间	媒体名称	类别	级别	标题(或主要内容)	报道对象/内容	作者
131	2018-04-04	长沙晚报微信公众号	网站	市级	厉害！长沙17岁女生三年斩获28项科技创新奖！快看你认识吗？	温馨	秦有才
132	2018-04-27	中新社	网站	国家级	湖南一中学创新动力强劲，学生发明源于生活小事	李雨轩	秦有才
133	2018-05-15	湖南教育	杂志	省级	激发办学“芯”动力——长沙市周南梅溪湖中学科技创新教育纪实	学校	王振亚、李俊伟、刘祎霞
134	2018-05-16	湖南教育电视台	电视	省级	杨周凡：长沙中学生发明智能温控风扇	杨周凡	秦有才
135	2018-07-18	中国新闻网	网站	国家级	湖南2项青少年发明作品在中国澳门国际创新发明展上获奖	学校科技创新	秦有才
136	2018-07-18	湖南教育新闻网	网站	省级	现实版最强大脑丨包揽28项科技创新奖还有自己的工作室，这个长沙妹子叫温馨	温馨	秦有才
137	2018-07-19	华声在线	网站	省级	长沙中学生搞发明中国澳门获奖	学校科技创新	秦有才
138	2018-07-19	掌上长沙	网站	市级	13岁长沙妹子获国际创新发明金奖 从小动手能力强“爱搞破坏”	李雨轩	秦有才
139	2018-07-19	湖南教育新闻网	网站	省级	13岁“小学霸”国际创新发明展摘金夺银 李雨轩：生活是创新最好的来源	李雨轩	秦有才

续表6-37

序号	报道时间	媒体名称	类别	级别	标题(或主要内容)	报道对象/内容	作者
140	2018-07-19	红网	网站	省级	周南梅溪湖中学2项青少年专利作品中国澳门获奖	学校科技创新	秦有才
141	2018-07-21	三湘都市报	报纸	省级	13岁“发明小天后”获国际金奖	李雨轩	秦有才
142	2018-09-19	中国知识产权报	报纸	国家级	挖掘创造潜能，激发创新活力	学校科技创新	李晓霞
143	2018-09-20	中国知识产权报微信公众号	网站	国家级	挖掘创造潜能、激发创新活力，周南梅溪湖中学这样开展知识产权教育工作!	学校科技创新	秦有才
144	2018-09-20	湖南教育新闻网	网站	省级	少年智造，脑洞大开：长沙学子在第十届国际发明展摘金夺银	学校科技创新	陆阳、曾蓓
145	2018-09-20	潇湘晨报网	网站	省级	长沙学子在第十届国际发明展摘金夺银	学校科技创新	曾蓓
146	2018-10-29	湖南教育新闻网	网站	省级	周南梅溪湖中学：肖荷花老师拿到学校第一本教师专利证书	肖荷花	秦有才
147	2018-11-15	今日女报	报纸	国家级	物理老师带出20多个“小小发明家”	肖荷花	秦有才
148	2018-12-11	湖南教育新闻网	网站	省级	让“想象”变成现实周南梅溪湖中学高雄KIDE国际发明暨设计展勇夺2项金奖	学校科技创新	陆阳、曾蓓
149	2018-12-12	湖南经视	电视	华中赛区	少年“智造”，高中生发明“手机开门”	学校科技创新	秦有才
150	2018-12-12	湖南教育新闻网	网站	省级	周南梅溪湖中学：教师积极参与省送教送培获好评	学校	秦有才

续表6-37

序号	报道时间	媒体名称	类别	级别	标题(或主要内容)	报道对象/内容	作者
151	2018-12-12	潇湘晨报	报纸	省级	手机一点就可以打开门锁周南梅溪湖中学的两件学生专利作品得了国际大奖	学校科技创新	秦有才
152	2018-12-13	人民日报微信公众号	网站	国家级	出门忘带钥匙？手机微信也可开锁	学校科技创新	秦有才
153	2018-12-13	湖南教育新闻网	网站	省级	周南梅溪湖中学：肖荷花老师拿到学校第一本教师专利证书	肖荷花	秦有才
154	2018-12-13	三湘都市报	报纸	省级	出门忘带钥匙？手机微信也可开锁—长沙几名中学生多项发明获国际金奖	学校科技创新	秦有才
155	2018-12-17	湖南卫视	电视	省级	湖南中学生再获国际发明奖项	学校科技创新	秦有才
156	2018-12-17	湖南教育新闻网	网站	省级	让“想象”变成现实周南梅溪湖中学高雄KIDE国际发明暨设计展勇夺2项金奖	学校科技创新	秦有才
157	2018年12期	科学启蒙	杂志	省级	易佳星：科技创新改变生活	易佳星	肖荷花
158	2018年9-10期	科学启蒙	杂志	省级	彭佳：科学，为例世界的力量	彭佳	秦有才
159	2019-03-20	红网	网站	省级	长沙18岁女生上演现实版最强大脑 包揽28项科技创新奖	温馨	曾蓓
160	2019-03-20	大湘网	网站	省级	长沙18岁女生上演现实版最强大脑 包揽28项科技创新奖	温馨	曾蓓

续表6-37

序号	报道时间	媒体名称	类别	级别	标题(或主要内容)	报道对象/内容	作者
161	2019-03-21	ZAKER潇湘	网站	省级	湖南首个中学生工作室的主人，爱鸟丫头文加质选择继续在周梅观鸟	文加质	曾蓓
162	2019-04-27	红网	网站	省级	周南梅溪湖中学2项青少年专利作品中国澳门获奖	学校科技创新	秦有才
163	2019-03-09	湖南教育新闻网	网站	省级	周南梅溪湖中学：学生研究性报告见证环境变迁	学校	陆阳
164	2019-03-24	湖南教育新闻网	网站	省级	周南梅溪湖中学获全国青少年科学调查体验活动“优秀实施单位”称号	学校	秦有才
165	2019-04-20	掌上长沙	网站	市级	湖南中小学10件发明创新参赛作品捧回6金4银	汤舒妍、刘昕阳、王宇萱、易佳星等	周和平
166	2019-04-25	湖南教育新闻网	网站	省级	周南梅溪湖中学：中国上海国际创新发明展摘金夺银	汤舒妍、刘昕阳、王宇萱、易佳星等	陆阳
167	2019-08-19	新湖南客户端	网站	省级	第十五届宋庆龄少年儿童发明奖揭晓湖南小创客夺得3金6银	罗文淇	胡宇芬
168	2019-10-16	长沙晚报	报纸	市级	可拆分的应急灯，聪明的驱鸟装置——长沙中学生两件发明专利作品中国澳门摘金	刘昕阳、易佳星	周和平

续表6-37

序号	报道时间	媒体名称	类别	级别	标题（或主要内容）	报道对象/内容	作者
169	2019-10-16	湖南教育新闻网	网站	省级	长沙中学生两件发明获国际金奖，这些发明创造可能就在你身边	刘昕阳、易佳星	肖荷花
170	2019-10-17	今日女报	报纸	国家级	长沙中学生两件发明专利作品中国澳门摘金	刘昕阳、易佳星	章清清
171	2019-10-18	湖南卫视	电视	省级	长沙中学生两件发明专利作品中国澳门摘金	刘昕阳、易佳星	周和平
172	2019-10-24	中新社	网站	国家级	湖南一中学科创氛围浓 学生发明屡获国际大奖	刘昕阳、易佳星	刘曼
173	2019-10-24	学习强国	网站	国家级	湖南一中学科创氛围浓 学生发明屡获国际大奖	刘昕阳、易佳星	刘曼
174	2019-11-18	星辰在线	网站	市级	周南梅溪湖中学再成立2个名学生工作室	学校科技创新（易佳星、吴文静）	曾蓓
175	2019-11-25	湖南教育电视台	电视	省级	用榜样的力量引领，长沙中学成立“名学生工作室”	学校科技创新（易佳星、吴文静）	吴冠村
176	2020-05-10	掌上长沙	网络	市级	亮眼！长沙青少年发明“抗疫神器”	王烨熙等	徐运源、侯潇
177	2020-05-10	长沙晚报网	网站	市级	亮眼！长沙青少年发明“抗疫神器”	王烨熙等	徐运源、侯潇
178	2020-05-11	学习强国湖南频道	网站	国家级	亮眼！长沙青少年发明“抗疫神器”	王烨熙等	徐运源、侯潇
179	2020-05-13	湖南教育新闻网	网站	省级	有效减少人员交叉感染，长沙中学生发明“抗疫神器”	王烨熙等	陆阳

续表6-37

序号	报道时间	媒体名称	类别	级别	标题（或主要内容）	报道对象/内容	作者
180	2020-09-07	掌上长沙	网络	市级	长沙中学生编写青少年防溺水研究报告，为青少年安全教育敲警钟	谢佳玄	范星妤、岳霞
181	2020-09-08	长沙晚报	报纸	市级	一名中学生编写青少年防溺水研究报告，为青少年安全教育敲警钟	谢佳玄	范星妤、岳霞
182	2020-09-08	华声在线	网站	省级	中学生编写青少年防溺水研究报告 为安全教育敲响警钟	谢佳玄	范星妤、岳霞
183	2020-09	搜狐	网站	国家级	为青少年安全教育敲警钟	谢佳玄	范星妤、岳霞
184	2020-09	长沙晚报	报纸	市级	科技之光耀星城（部分）	学校科学工作室	徐运源、杨迪君、侯潇
185	2020-12-14	临湘六中微信公众号	网站	县级	科普讲座进校园，创新魅力亲体验	秦有才	六中教务处
186	2020-12-16	科技日报	网站	国家级	湖南临湘科普报告会，为青少年“播种”创新理念	秦有才，临湘一中、临湘六中	俞慧友
187	2020-12-16	湖南日报新湖南客户端	网站	省级	播撒创新科技的种子	秦有才，临湘一中	石刚民
188	2020-12-23	湖南教育电视台	电视	省级	长沙：科创名师送教下乡	周南梅溪湖中学秦有才名师工作室	吴冠村、李浪
189	2022-07-12	周南梅溪湖中学	网站	市级	喜报！周梅学子斩获中国国际发明创新展览会2金	秦有才、肖荷花、刘任池	刘任池

续表6-37

序号	报道时间	媒体名称	类别	级别	标题(或主要内容)	报道对象/内容	作者
190	2022-07-10	凤凰网	网站	国家级	8金3银1铜，上海国际发明创新展览会湖南获佳绩	秦有才、肖荷花、刘任池	肖荷花
191	2022-07-10	潇湘晨报	网站	市级	长沙中学生发明新冠病人专用枕头，获了大奖还申请了专利	秦有才、肖荷花、刘任池	肖荷花
192	2022-07-11	华声在线	网站	省级	湖南这所学校斩获中国国际发明创新展览会2金	秦有才、肖荷花、刘任池	刘任池
193	2022-10-27	周南梅溪湖中学	网站	市级	喜获双金！周梅师生发明作品斩获国际大奖	秦有才、肖荷花、张云逸、易佳星	李人扬
194	2022-10-27	长沙晚报	网站	市级	喜获双金！周梅师生发明作品斩获国际大奖	秦有才、肖荷花、张云逸、易佳星	李人扬
195	2022-10-27	湖南教育电视台	电视	省级	喜获双金！周梅师生发明作品斩获国际大奖	秦有才、肖荷花、张云逸、易佳星	李人扬
196	2022-10-27	湖南教育新闻网	网站	省级	喜获双金！周梅师生发明作品斩获国际大奖	秦有才、肖荷花、张云逸、易佳星	李人扬
197	2023-05-09	长沙市青少年宫	网站	市级	培训一部”名师来了“科技教育实践基地名师团队队员在莫斯科斩获佳绩	科技教育实践基地名师团队	肖荷花

续表6-37

序号	报道时间	媒体名称	类别	级别	标题(或主要内容)	报道对象/内容	作者
198	2023-05-26	周南梅溪湖中学	网站	市级	让青春在创新创造中闪光——“张云逸科技创新名学生工作室”成立	张云逸	李人扬
199	2023-06-01	湖南教育新闻网	网站	省级	长沙首个中小学劳动教育名师工作室成立	秦有才劳动教育名师工作室	肖荷花
200	2023-06-01	周南梅溪湖中学	网站	市级	首个市级劳动教育名师工作室启动!	秦有才劳动教育名师工作室	肖荷花
201	2023-06-02	长沙晚报	网站	市级	长沙市首个中小学劳动教育名师工作室成立	秦有才劳动教育名师工作室	肖荷花
202	2023-06-04	湖南日报	网站	省级	长沙首个中小学劳动教育名师工作室成立	秦有才劳动教育名师工作室	肖荷花
203	2023-10-31	周南梅溪湖中学	网站	市级	包揽金银铜奖！周梅师生在中国澳门国际创新发明展览会上获奖	秦有才劳动教育名师工作室	肖荷花
204	2023-11-09	周南梅溪湖中学	网站	市级	秦有才劳动教育名师工作室11月活动顺利开展	秦有才劳动教育名师工作室	肖荷花
205	2023-11-09	机器人科教学会	网站	省级	我学会省级劳动教育课题中期汇报及评估指导活动扎实进行	秦有才劳动教育名师工作室	秦有才
206	2023-11-09	长沙市周南中学	网站	省级	名师引培：“秦有才劳动教育名师工作室”11月研修活动圆满成功	秦有才劳动教育名师工作室	秦有才

续表6-37

序号	报道时间	媒体名称	类别	级别	标题(或主要内容)	报道对象/内容	作者
207	2023-11-10	华声在线	网站	省级	周南望城学校：智慧赋能提质量，五育融合促发展	秦有才劳动教育名师工作室	秦有才
208	2023-11-13	湖南教育网	网站	省级	周南集团秦有才名师工作室活动精彩纷呈	秦有才劳动教育名师工作室	肖荷花
209	2024-03-19	长沙晚报掌上长沙	网站	市级	培养更多青少年拔尖创新后备人才，湖南省融创未来少年科学院来啦	秦有才劳动教育名师工作室	周和平
210	2024-03-20	简报综合			加强青少年拔尖创新后备人才培养 湖南将组建融创未来少年科学院	秦有才劳动教育名师工作室	周和平
211	2024-03-30	中国网	网站	国家级	加强青少年拔尖创新后备人才培养 湖南将组建融创未来少年科学院	秦有才劳动教育名师工作室	周和平
212	2024-03-20	湖南省青少年活动中心		省级	省级少先队校外科技创新教育实践教育基地重大课题开题啦	秦有才劳动教育名师工作室	肖荷花
213	2024-04-01	周南梅溪湖中学	网站	市级	学校师生在莫斯科阿基米得国际发明暨科技创新展获奖	获奖学生秦有才肖荷花	李人扬
214	2024-04-06	湖南教育电视台	电视	省级	长沙学子科技创新作品获国际大奖	秦有才劳动教育名师工作室	秦有才

第三节 周南梅溪湖中学科技创新模式推广与辐射

一、会议典型发言与经验介绍

(1)2016 年 4 月 14 日，秦有才老师代表周南梅溪湖中学在市地震局会议室举行的长沙市防震减灾宣传工作座谈会上作“长沙市中小学地震应急疏散演练”工作典型发言，同时播放了学校录制的“周南梅溪湖中学防震减灾示范性疏散演练”视频。

(2)2016 年 12 月 6 日，中国教科院骨干教师赴长沙市周南梅溪湖中学研修班，秦有才老师向全体研修老师分享了长沙市周南梅溪湖中学科技创新和课题研究的经验和做法。

(3)2016 年 12 月 7 日，湖南省防震减灾科普教育示范学校骨干教师培训班在长沙市周南梅溪湖中学进行现场参观和经验交流活动，培训班老师们参观学校创客工作室和机器人探究实验室、3D 打印实验室、数字化历史教室、数字化地理教室，并在数字化地理教室听了学校地理教研组长朱美珍老师的“地震的形成与防御”专题讲座，教科室主任秦有才老师在报告厅作了“我们的防震减灾实践与思考”的经验发言。

(4)2016 年 12 月 8 日，湖南省中小学知识产权教育培训研讨班在长沙市金枫大酒店举行，秦有才老师代表学校在会上作了“学校知识产权教育的实践与思考”的典型发言。

(5)2017 年 11 月，湖南省创造学会授牌学校“湖南省科技教育示范基地”，会上，秦有才老师代表学校作了“构建学校科技创新活动的新模式——以名师工作室为依托，以创客工作室为龙头，以名学生工作室为核心，开展学校科技创新活动”的典型发言。

(6)2017 年 12 月，中国发明协会中小学创造教育分会年会在山东高密召开，学校秦有才老师在会上做典型发言。

(7)2017 年 12 月 7 日，湖南省防灾减灾科普教育推进会在学校举行，秦有才老师代表学校作“我们的防震减灾实践与思考”典型发言，推介学校的做法和经验。

(8)2017 年 12 月，湖南省知识产权教育骨干教师培训班在长沙举行，秦有才老师代表学校作“我们的知识产权实践与思考”典型发言，推介学校的做法和经验。

(9)2018 年 1 月，学校秦有才老师带领温馨、张天麟同学到湘西凤凰县高级中学进行科技创新讲座及交流。

(10)2018 年 11 月，秦有才老师在湖南省全国知识产权教育骨干教师培训班作“我们的知识产权实践与思考”经验介绍典型发言。

(11)2018 年 11 月，秦有才老师在中国教科院骨干教师培训班上作“以名师工作室为依托，以创客工作室为龙头，以名学生工作室为核心，构建学校创新教育模式”经验介绍典型发言。

(12)2018 年 12 月 17 日，柳州市首期高中理化生实验骨干教师培训班赴长沙市周南梅溪湖中学观摩，学校秦有才老师作“高中理科教学与学生的创新能力培养”专题讲座；并参观学习学校校园及相关理化生实验室、创新实验室。

(13)2019 年 5 月，学校秦有才老师应邀到长沙高新区科技创新讲座。

(14)2019 年 9—11 月，学校秦有才老师作为长沙市唯一的参加为期 1 个月的教育部全国综合实践活动骨干教师培训班的教师(湖南省仅 3 人)，作了 3 次案例分析及专家点评。

(15)2020 年 8 月 23 日，第二届湖南省机器人与人工智能后备人才培养论坛上，叶双秋校长应邀与清华大学、北京航空航天大学等大学专家、教授进行圆桌论坛，推介学校的科技创新成绩和做法。

(16)2020 年 9 月，学校秦有才老师应邀到长沙附中高新实验中学进行“我们的科技创新比赛”讲座。

(17)2020 年 9 月 19 日，2020 年“全国科普日”长沙青少年宫系列活动上，秦有才老师应邀参与“未来拔尖创新人才培养名师工作室专家及名师圆桌论坛”，与中南大学、国防科技大学、湖南大学等知名高校及湖南师范大学附属中学、长沙市雅礼中学等知名中小学专家、名师就高校、中小学如何有效培养面向未来、具有创新潜质及创新能力的拔尖科创后备人才进行分享与探讨。

二、讲座与授课

(1)2017 年 7 月，秦有才老师在宁乡职业中专学校给学生作“发明，并非遥不可及”专题讲座。

(2)2017 年 6 月 8—9 日，应杭州市青少年科技辅导员协会邀请，秦有才老师为杭州市第一期青少年科技辅导员创新指导能力培训班做专题讲座。

(3)2019 年 7 月，长沙市综合实践活动骨干教师培训班上，秦有才老师作“设计制作类学分认定”讲座。

(4)2019 年 11 月，在华中师大的全国综合实践活动骨干教师培训班上，秦有才老师作“太空架豆种植科学实验活动”案例分享。

(5)2020 年 3—5 月，长沙市停课不停学活动期间，秦有才老师、刘任池老师一起为综合实践活动课程设计制作网课 14 堂。

(6)2020 年 6 月 17 日，长沙市中小学劳动实践教育工作推进会上，学校秦有才老师作“关于劳动教育的几点思考”讲座。

(7)2020 年 6 月 23 日，长沙市劳动教育课题推进会在市教育局举行，学校秦有才老师和长沙市教育科学研究院刘正华老师应邀作课题研究指导。

(8)2020 年 12 月，学校秦有才老师应邀到临湘市第一中学作“青少年科技创新教育科普专题报告”发言。

(9)2020 年 12 月，学校秦有才科技创新名师工作室协同湖南省机器人教育学会未来拔尖人才培养名师工作室、长沙高新区教育学会在长沙高新区举行“科创名师，走进高新”送培下乡暨“未来拔尖人才培养名师工作室”研讨活动，秦有才老师作专家讲座。

(10)秦有才老师参加 2022 年 7 月 19 日“美丽中国”科普走进红色韶山助力“双减”科技教师公益培训活动，作专家讲座。

(11)2023 年 11 月 8 日，秦有才老师在周南望城学校 11 月教研活动——课题研究中期汇报及中期评估指导中作微讲座。

(12)2024 年 4 月，秦有才老师在名师工作室 2023 年度总结暨成果展示活动中作微讲座。

(13)2024 年 7 月，长沙市“义务教育新课程新教材市级骨干教师培训项目”劳动教育中，秦有才老师作“项目设计类劳动教育实施案例分享与点评”讲座。

(14)首席名师秦有才 2024 年 3 月在永州宁远作劳动教育专家讲座。

(15)首席名师秦有才 2024 年 4 月在广西百色地区作劳动教育专家讲座。

三、媒体重要报道

(1)2016 年 9 月 19 日，在常务副主编魏斌的带领下，《科学启蒙》杂志社一行5人专程来学校采访，授予学校《科学启蒙》杂志社“校园科普活动示范基地”牌匾，随后的2016年第11期《科学启蒙》推出6个版面的重磅报道——《梅溪湖畔绽放科技之花》，报道学校科技创新成绩。

(2)《发明与创新》杂志2016年第12期以2个彩版报道学校科技创新情况——《因材施教主动发展——长沙市周南梅溪湖中学简介》《科技之花璀璨绽放——长沙市周南梅溪湖中学科技创新成绩骄人》。

(3)温馨同学3篇文章发表在科技创新杂志：《第二课堂》2016年8月B版刊登《新型机滚浪耙船》，《求学》杂志2016第十期刊登《化学实验蒸馏装置的新设计》，《发明与创新》杂志2016第十期刊登《化学实验蒸馏装置的改进》。

(4)2016年11月22日，《中国教育报》第8版以《秦有才学生科技创新领路人》为题报道学校秦有才老师的科技创新成绩。

(5)温馨同学荣登《发明与创新》2016年第12期封面人物，并刊登《较劲的人生才有劲》的个人报道。

(6)2017年1月10日，《今日女报》刊登《12岁女孩，满世界看鸟去》，报道学校文加质同学的观鸟护鸟成绩。

(7)2018年5月15日，《湖南教育》杂志以《激发办学“芯”动力——长沙市周南梅溪湖中学科技创新教育纪实》为题，报道学校的科技创新特色。

(8)2018年9月19日，《中国知识产权报》以《挖掘创造潜能，激发创新活力》为题，报道学校科技创新和知识产权教育的做法及取得的成绩。

(9)2019年9~10期，《科学启蒙》杂志以6个版面刊登报道学校开展科技创新活动的文章——《科学体验，快乐成长——记周南梅溪湖中学“全国青少年科学调查体验活动”》。

(10)《发明与创新》杂志2019年第11期将易佳星同学作为封面人物推介，并刊登《向上吧，少年——访长沙市周南梅溪湖中学易佳星》报道。

(11)张云逸同学参加“湖南省中小学生主题教育成果展示暨颁奖典礼”活动，作为唯一科技创新发明的典型代表，展示自己在科技创新发明的成果及感受。对此，学习强国作了专题报道。

四、担任专家、评委及获得重要荣誉

(1)2016年，秦有才老师被聘为“第六届全国校园发明创意作品大赛”评委；2017年，被聘为《发明与创新》杂志专家团专家。

（2）2016 年，甘炜老师被聘为湖南省中小学教师信息技术应用能力发展测评评审专家。

（3）文加质同学被评为 2016 年湖南省十大教育新闻人物。

（4）2017 年 1 月，秦有才老师以《利用互联网整体推进创客工作室建设的尝试》为题参加“校园好网民”主题活动获省教育工委授予的单位组一等奖。

（5）2019 年 4—8 月，秦有才老师受聘担任《综合实践活动资源包》教材的初审、终审专家评委，审定《综合实践活动资源包》教材。

（6）2019 年 9 月，秦有才老师被湖南教育学会、潇湘晨报社、十几岁杂志社授予星城“四有”好教师荣誉称号。

（7）2019 年 10 月，秦有才老师受聘担任《信息技术》教材终审专家评委，审定《信息技术》教材。

（8）2020 年 5 月，秦有才老师因为 2019 年在工作中作出重大贡献被长沙市人社局记功。

（9）2020 年 8 月 23 日，第二届湖南省机器人与人工智能后备人才培养论坛上，秦有才老师被聘为“未来拔尖创新人才培养名师工作室”名师专家，组织名师工作室的工作开展。

五、交流与合作

（1）2016 年 3 月，“航天科技连着你和我——院士专家湖南校园行”系列活动之一，由北京天文馆馆长、北京市人大代表朱进给长沙市周南梅溪湖中学的孩子们带来以“天文与航天”为题的讲座。

（2）2016 年 4 月 21 日下午，“湖南知识产权进校园”活动在周南梅溪湖中学启动，湖南省发明协会会长龚世益为湖南省首个青少年创客工作室——长沙市周南梅溪湖中学创客工作室授牌，并为学校师生作了一场题为“创新与知识产权”的讲座。

（3）2016 年以来，学校聘请了一批在全省乃至全国有名气的科普专家来校开讲，如中国科学院微生物所研究员、中国科学院老科学家科普报告团团长孙万儒的讲座，中国科学院付前哨教授的湖南省“大手拉小手，科普希望行”讲座活动，省知识产权局专家型副局长邹明生的知识产权讲座，中南大学博士生导师、教授何炼红的知识产权讲座，湖南省科技创新教育权威、中南大学肖云龙教授等，均收到了良好的效果，一批批具有强烈科技创新意识和一定科技创新水平的学生从这里走出去。

(4)2016 年 7 月，吉首市湘西雅思学校师生一行 30 多人来学校学习学校科技创新工作的优秀经验，并和学校师生共同开展青少年科学调查体验活动。

(5)2017 年 3 月 8 日，望城区教育局、科技局、科协在 3 位局长的带领下，前来学校考察交流科技创新教育工作。

(6)2017 年 3 月，湖南省教育科学研究院副院长赵雄辉一行 15 人，前来学校参加由他本人主持的省重点资助课题《学科教学中学生创新意识和创新能力培养》结题交流会，学校叶双秋校长、秦有才老师分别发言介绍学校科技创新教育经验和做法，得到赵院长和与会专家的一致好评。

(7)2018 年 1 月 1 日，应凤凰县高级中学邀请，周南梅溪湖中学、吉首市湘西雅思实验学校的师生代表到凤凰县高级中学新校区作访问交流。

(8)2018 年 3 月 26 日下午，镭目公司总裁田陆一行参观周南梅溪湖中学，正式签约成为学校科技创新奖学金捐赠企业，搭建校企合作平台，完善校企合作机制。

(9)自 2018 年学校成为中国教科院全国教育科研骨干校长(教师)培训基地以来，每年会接待 1~2 批来自全国各地的骨干校长或教师跟岗学习，学校科技创新经验介绍成为必要的流程之一。

(10)2020 年 5 月 20 日，湖南省教育科学研究院副院长赵雄辉、劳动教育教研员董仲文一行来学校进行“全省中小学劳动教育实施现状调研”，叶双秋校长、秦有才老师等介绍了学校开展劳动教育的情况和取得的经验及建议。

(11)2022 年 5 月，长沙市长郡梅溪湖中学来学校交流小平科技创新实验室创建经验。

(12)2022 年 6 月，湖南省机器人科技教育学会副秘书长秦有才参加“科普中国”行动，走进红色韶山，助力“双减”系列活动。

(13)2022 年 10 月，博才梅溪湖小学来学校观摩交流劳动教育课程教学情况。

(14)2022 年 10 月，学校秦有才科技创新名师工作室、劳动教育名师工作室成员到株洲市白关中学、怀化会同一中 2 所学校参观交流科技创新、劳动教育情况。

(15)学校与长沙市望城区第六中学、长沙市望城区向阳中学开展结对帮扶活动，助力科技创新共同体，从而扩大学校影响力。2023 年 10 月 8 日，望城六中校长周文、望城向阳中学校长杨青等一行深入周南梅溪湖中学开展教育交流活动。

(16)2024 年 4 月，学校在科技创新和劳动教育领域与湖南电子音像出版社结成校企合作单位。

六、学校承办的上级科技创新活动(2015—2017 年)

学校承办的上级科技创新活动(2015—2017 年)见表 6-38。

表 6-38　学校承办的上级科技创新活动(2015—2017 年)

序号	时间	活动/会议名称	级别	会议性质	主办单位
1	2015-10-11	第 12 届湖南省中小学机器人竞赛	省级	竞赛	湖南省教育厅
2	2015-12-29	长沙市中小学地震应急疏散演练活动	市级	经验推广及培训	长沙市教育局、长沙市地震局
3	2016-03-29	“航天科技连着我和你，院士专家校园行”活动	国家级	专题活动	中国科学技术协会
4	2016-04-21—2016-04-26	湖南省知识产权教育进校园庆祝系列活动	省级	专题活动	湖南省知识产权局
5	2016-05-06—2016-05-08	第九届长沙市青少年机器人竞赛	市级	竞赛	长沙市文明办、长沙市教育局
6	2016-07-10—2016-07-18	2016 年全国青少年高校科学营活动	国家级	专题活动	中国科学技术协会、重庆大学
7	2017-07-12—2017-07-19	2017 年青少年高校科学营活动	国家级	专题活动	中国科学技术协会、厦门大学

七、参编教材和出版科普专著

(1)2019 年国庆前夕，由叶双秋、秦有才、肖荷花著的《中小学科普教育的实践与研究》一书由中南大学出版社出版。该书由中国工程院院士、湖南省科协原主席、中南大学原校长何继善先生填写书名并作序。2019 年 12 月，本书在 CRH 杂交水稻杯机器人创客大赛暨首届优秀科技创新成果展评活动中荣获省一等奖，2022 年 3 月，本书荣获湖南省创造教育成果二等奖。

(2)2021 年年初，秦有才、肖荷花、吴万紫、杨多文英、李玉霞、王平、张隽等 7 位老师参与编写湖南教育出版社出版的《劳动实践指导手册》。

(3)2022 年 10 月，首席名师秦有才为主编，名师肖荷花为副主编，工作室成员等 10 多人参编了湖南省电子音像出版社组织编写的劳动教育教材《劳动实践指导手册》一套共计 22 本。

八、建立品牌活动

(1)2018 年 5 月，周南梅溪湖中学批准成立第一届秦有才科技创新名师工作室。工作室聘请市教科院创新教研员李启洪老师、学校叶双秋校长为顾问，以吴万紫、肖荷花老师为名师，团队成员包括长沙高新区金桥小学杨志强老师等 12 人。

(2)成立名学生工作室。自 2016 年成立文加质观鸟护鸟工作室的名学生工作室以来，2017 年学校批准成立温馨科技创新工作室，2019 年 11 月，学校批准成立易佳星科技创新工作室，2022 年又批准成立张云逸科技创新名学生工作室，接替前面的同学扛起学校科技创新的大旗，为学生成长提供了一个很好的平台和方向。

(3)学校科技创新、劳动教育课题研究持续开展，接连不断。2021 年 3 月，学校“学校创客空间建设与实践研究”课题获课题研究成果一等奖。

总而言之，学校举办各类科技展会、创新大赛等活动，为科技创新成果提供展示和交流的平台；组织科技节、科普宣传周等活动，提高公众对科技创新的关注度和兴趣。

参考文献

[1] 张铁芳. 科技创新在社会发展中的作用初探[J]. 文化创新比较研究，2020(02)：31-32.

[2] 张静. 文化自觉视域下大学生科技创新能力培育路径探析[J]. 河南商业高等专科学校学报，2014(06)：108-111.

[3] 龙小康. 科技创新在社会发展中的作用初探[J]. 长江论坛，2016(02)：5-8.

[4] 于平. 城镇化进程与文化科技融合创新[J]. 福建艺术，2014(05)：37-40.

[5] 居继清，周俊飞. 红色基因引领科技创新的实践路径探析[J]. 黄冈师范学院学报，2021(5)：80-85.

[6] 高全成，刘丹. 中国与中亚五国能源合作机制建设研究[J]. 西安财经学院学报，2016(5)：29-34.

[7] 储阳华，于莉，俞峰. 乡土课程资源在地理实践活动中的应用研究 ——以徐州工程机械集团实践活动为例[J]. 地理教学，2018(16)：15-17.

[8] 本刊综合. 新征程再立新功——党的二十大代表热议加快建设人才强国[J]. 中国人才，2022(11)：24-25.

[9] 迟爱萍. 推进科技自立自强是中国式现代化道路的战略支撑[N]. 中国井冈山干部学院学报，2022(01)：53-61.

[10] 付聪. 中职生心理健康现状及学校社会工作介入路径探析——基于 M 校的实证研究. 重庆城市管理职业学院学报[N]，2021 年(2)8-13.

[11] 王云清. 创新自主学习实践教学模式培养历史专业高素质人才--以长江师范学院为例[J]. 科技风，2013(12)：182-182.

[12] 王继东. 打造创新教育特色名片--湖南省宜章县第一中学科技创新教育纪实[J]. 发明与创新(高中生)，2013(6)：26-27.

[13] 辛兵. 培养创新型科技后备人才的根本遵循[EB/OL]. (2023-12-13)[2024-05-22]. http://www.qstheory.cn/science/2023-12/13/c_1130023554.htm.

[14] 任士运. 中学科技创新教育模式及其实施策略分析[J]. 安徽教育科研，2024(6)：118-120.

后记

科技向上 万物生长

在科技与万物的交响乐章中，科技如同一股超新星爆发的能量，以光速穿越虚拟与现实的边界，将万物放进一场前所未有的智能盛宴中。它不仅是时间的雕刻师，雕琢着未来世界的轮廓，还是生命的织梦者，让每一粒尘埃都蕴含着创造宇宙的潜力。当科技向上的号角在数字天际回响，万物仿佛被激活了沉睡的基因，以一种前所未有的姿态，在人工智能的海洋中蓬勃生长，绽放出超越想象的光彩。这是一场关于连接、进化与超越的奇迹之旅，让我们教育工作者一同启程，去探索那个充满无限可能的科技世界。

一、未来已来，谈世界科学中心的演变历程

从古至今，科学的光芒如同文明的灯塔之光，指引着人类社会进步与发展。在这漫长而辉煌的科学史中，意大利、英国、法国、德国和美国这五个国家依次成为世界科学的中心，每一个都在特定的时期内为人类的知识宝库建设作出了不可磨灭的贡献。在文艺复兴时期的意大利，伽利略与达·芬奇以智慧之光，穿过经院哲学的迷雾，点亮现代科学的曙光；在工业革命时期的英国，牛顿以万有引力之钥，解锁宇宙奥秘，达尔文则以进化论的笔触，在维多利亚时代重绘生命进化的宏图；在启蒙运动时期的法国，拉瓦锡以化学开启物质世界的奥秘之门，居里夫人则在放射性元素的探索中，于巴黎的灯火阑珊处点亮原子物理的璀璨星河；在第二次工业革命时期的德国，爱因斯坦以相对论震撼世界，挑战认知极限，德国的化学工业亦如日耳曼战车，轰鸣向前，驶向科技巅峰；在20世纪中叶的美国，凭借雄浑实力与开放胸怀，贝尔实验室与硅谷在冷战的“烽火”中成为创新梦想的摇篮，阿波罗登月计划的火箭载着人类的壮志

与勇气，划破天际，翱翔于浩瀚无垠的宇宙。

追溯五大科学中心的辉煌历程，我们不难发现，每一个中心的崛起皆与社会变革、思想解放紧密相连。科学，这一无国界的瑰宝，超越了地域的界限，汇聚着全人类的智慧与力量，成为我们共同拥有的宝贵财富与强大动力。

在中国这片古老而又充满活力的土地上，科技之光正以前所未有的速度照亮每一个角落。从古老的四大发明到现代的5G通信、人工智能，中国科技如同一条腾飞的巨龙，穿越历史的长河，翱翔于世界的科技之巅。在这片创新的热土上，智慧的火花不断碰撞，科技成果如雨后春笋般涌现，不仅改变了人们的生活方式，还让世界见证了中国速度和中国力量。中国科技正以开放包容的姿态引领着时代的潮流，未来的中国或将成为世界科学中心，书写属于中华民族的辉煌篇章。

二、可溯可期，谈时代脉搏中的基础教育

当我们追溯历史的长河，探寻教育的脉络时，会发现基础教育始终是社会发展的重要基石。它如同一颗颗种子，播撒在时代的沃土中，随着文明的进步而生根发芽，绽放出不同的光彩。

从古老的农业文明时代孩子们学习儒家经典，到工业文明时代普及初等教育，再到信息文明时代培养学生的信息素养、批判性思维和创新能力，基础教育就如同一条蜿蜒前行的河流，它见证了人类文明的发展。从农业文明时代到信息文明时代，基础教育不断地进行自身的变革，它既是时代的产物，也是推动时代前进的力量。

新时代，习近平总书记强调："进一步加强科学教育、工程教育，加强拔尖创新人才自主培养，为解决我国关键核心技术攻关提供人才支撑。"科技创新的关键在于拥有大批科技创新人才，而科技创新人才成长的关键期是基础教育阶段。加强对科技创新后备人才成长规律、选拔标准与培养方式的研究与探索，培养造就一大批可堪大用、能担重任的科技创新后备人才，对于建设教育强国，实现高水平科技自立自强具有重要意义。

"科技"不仅包含"科学"，还有"技术"，延伸到新时代科技教育上，就是教师不仅要对学生进行科学教育，还要对学生进行技术指导，二者相辅相成，才能逐步提升学生的科学技术水平和科学素养。处于基础教育领域的长沙市周南梅溪湖中学为适应社会发展的要求，加强STEM（科学、技术、工程和数学）教

育，将这四种学科整合到一种教学范式中，把零碎知识变成相互联系的统一整体，倡导用问题解决驱动的跨学科理科教育，旨在提升学生科学与技术的综合素养。基础教育阶段，我们培养的必然是科学与技术兼备的复合型人才，他们将会成为改变世界的动力源泉。

三、育新育才，谈培养后备人才的创新路径

创新是时代的号角，是驱动社会发展的强大动力。在日新月异的知识经济时代背景下，培养具有创新能力的人才显得尤为重要。中小学时期作为学生心智发展的关键阶段，如何在这一过程中培育学生的创新思维，不仅关乎个体的成长，更影响着国家的未来和社会的进步。长沙市周南梅溪湖中学在营造育人环境、创新课程体系、优化课堂教学、搭建成长平台、重视技术支撑等方面进行了系列探索，努力培养德智体美劳全面发展的创新人才。

转变传统角色，营造科创教育生态。长沙市周南梅溪湖中学被誉为“一所藏在岳麓山中会呼吸的高品质学校”，这不仅仅是因为优美的校园环境，更主要的是学校拥有自由宽松的学术环境和积极向上的生命气象。这样的环境鼓励学生提出问题、探索未知、不惧失败，教师从传统的知识传递者转变为引导者和激励者，通过启发式教学引导学生独立思考问题，让学生在参与中学会观察、分析和解决问题，逐步增强创新意识。

立足核心素养，开发科创课程体系。长沙市周南梅溪湖中学着眼于学生长远发展，提出“让每一位学生体验成功的喜悦，让每一位学生拥有幸福的未来”的办学理念，构建了极具创新特色的“梅开五彩”课程体系，激发学生的好奇心与探索欲，帮助他们建立宽广的知识视野。学校在课堂教学中积极引入和践行“五有四化”教学新主张，使课堂教学顶层设计体现“五有”——有趣、有用、有理、有魂、有效，课堂结构优化凸显“四化”——知识结构化、结构问题化、问题情景化、情景生活化，将创新思维培养落实到课程和课堂教学中，切实提升学生的核心素养。

深化评价改革，提升科创教育品质。长沙市周南梅溪湖中学构建“四季六节”德育活动体系，搭建“名学生工作室”创新人才孵化基地等平台，引入信息化设备和人工智能技术，优化师生评价体系，推进教学评一体化；特别是创客实验室的建设和秦有才科技创新名师工作室、温馨科技创新名学生工作室、易佳星创客名学生工作室等的创立，培养了榜样引领的卓越少年，达到头雁引

领、群雁齐飞的效果，有力推动了学校科技创新特色发展，形成了科技创新热潮、点亮了全体师生的创新思维火花。

培养中小学生的创新思维，犹如细水长流，非旦夕之功，它根植于教育者智慧的教育、学生不懈探索的热情以及全社会温暖坚定的扶持之手中。长沙市周南梅溪湖中学，在这科技与人文交织的时代，对科技、教育与人才这“三位一体”的宏伟蓝图，有着自己独特的领悟与初步的尝试。恰逢建校十周年这一里程碑时刻，学校精心编纂《长沙市周南梅溪湖中学科技创新模式探索与实践》一书，这不仅仅是对过往创新路径的梳理总结，更是向着更加美好的未来迈出的坚定步伐。同时，我们将站在下一个十年的关键节点上，继续开辟“数字化教育”新赛道，迈出“教学评督”新步伐，焕发“多元翘楚”新活力，涵养“三位一体”新底蕴，实现“周梅品牌”新跨越，成就“提质增效”新作为，促进科技创新再上新台阶。

科技，这无垠的宇宙之光，不分国界，永无止境，它以无尽的魅力与深邃，预示着新的科技中心必将璀璨绽放，以科技之光照亮人类前行的道路。

吴　伟

2024 年秋写于勤朴楼

图书在版编目(CIP)数据

长沙市周南梅溪湖中学科技创新模式探索与实践 / 秦有才, 吴伟, 肖荷花编著. --长沙: 中南大学出版社, 2024.10.

ISBN 978-7-5487-5957-7

Ⅰ. G632.0

中国国家版本馆 CIP 数据核字第 202409EY01 号

长沙市周南梅溪湖中学科技创新模式探索与实践

CHANGSHASHI ZHOUNAN MEIXIHU ZHONGXUE KEJI CHUANGXIN MOSHI TANSUO YU SHIJIAN

秦有才　吴　伟　肖荷花　编著

□出 版 人　林绵优
□责任编辑　韩　雪
□责任印制　唐　曦
□出版发行　中南大学出版社
社址: 长沙市麓山南路　　邮编: 410083
发行科电话: 0731-88876770　　传真: 0731-88710482
□印　　装　湖南省众鑫印务有限公司

□开　　本　710 mm×1000 mm 1/16　□印张 15.25　□字数 262 千字
□版　　次　2024 年 10 月第 1 版　□印次 2024 年 10 月第 1 次印刷
□书　　号　ISBN 978-7-5487-5957-7
□定　　价　68.00 元